골프를 배워요!

1권

LW

D
W

차례

05 아이언 테이크어웨이

❶ 아이언 테이크어웨이를 알아봐요.

06 스코어 계산 방법(1)

❶ 빈칸에 알맞은 부호(+,-)와 숫자를 넣어보세요.

07 아이언 하프스윙

❶ 아이언 하프스윙을 알아봐요.

08 스코어 계산 방법(2)

❶ 빈칸에 알맞은 부호(+,-)와 숫자를 넣어보세요.

09 아이언 백스윙탑

❶ 아이언 백스윙탑을 알아봐요.

10 스코어 찾기

❶ 문제를 읽고 문제의 답에 동그라미를 그려보세요.

11 아이언 임팩트

❶ 아이언 임팩트를 알아봐요.

12 스코어 카드에 말 넣기

❶ 스코어표를 보고 비어있는 칸에 알맞은 말을 넣어보세요.

13 아이언 팔로우스루

❶ 아이언 팔로우스루를 알아봐요.

14 골프클럽

❶ 골프클럽에는 어떤 것들이 있는지 알아봐요.

❷ 각각의 골프클럽들을 어떻게 쓰이는지 알아봐요.

15 초성퀴즈

❶ 그림을 보고 알맞은 말을 넣어보세요.

16 스코어 알아보기

❶ 문제를 읽고 연관된 것에 모두 동그라미를 해보세요.

17 스코어 카드 보는 방법

❶ 스코어카드는 어떻게 보는 걸까요?

18 아이언 피니쉬

❶ 아이언 피니쉬를 알아봐요.

19 숨은 단어 찾기

❶ 네모 안에 가로 세로를 잘 보고 단어를 찾아서 길게 동그라미를 그려보세요.

01

골프란?

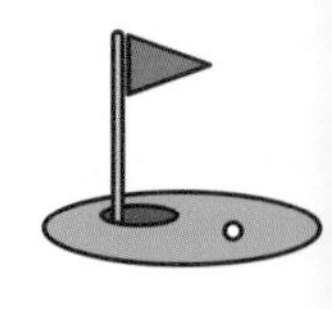

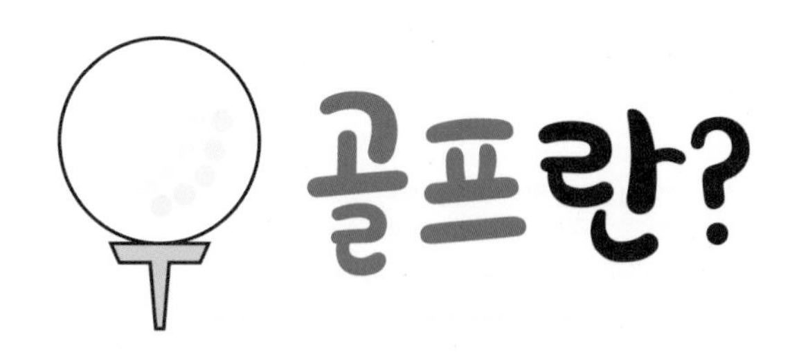

골프란?

1번 홀부터 18번 홀까지 차례로 규칙에 따라 클럽으로 공을 치는 운동입니다. 정지된 공을 골프채로 쳐서 홀에 넣는 경기이며, 홀에 들어가기까지 공을 친 횟수가 적은 사람이 승자가 됩니다.

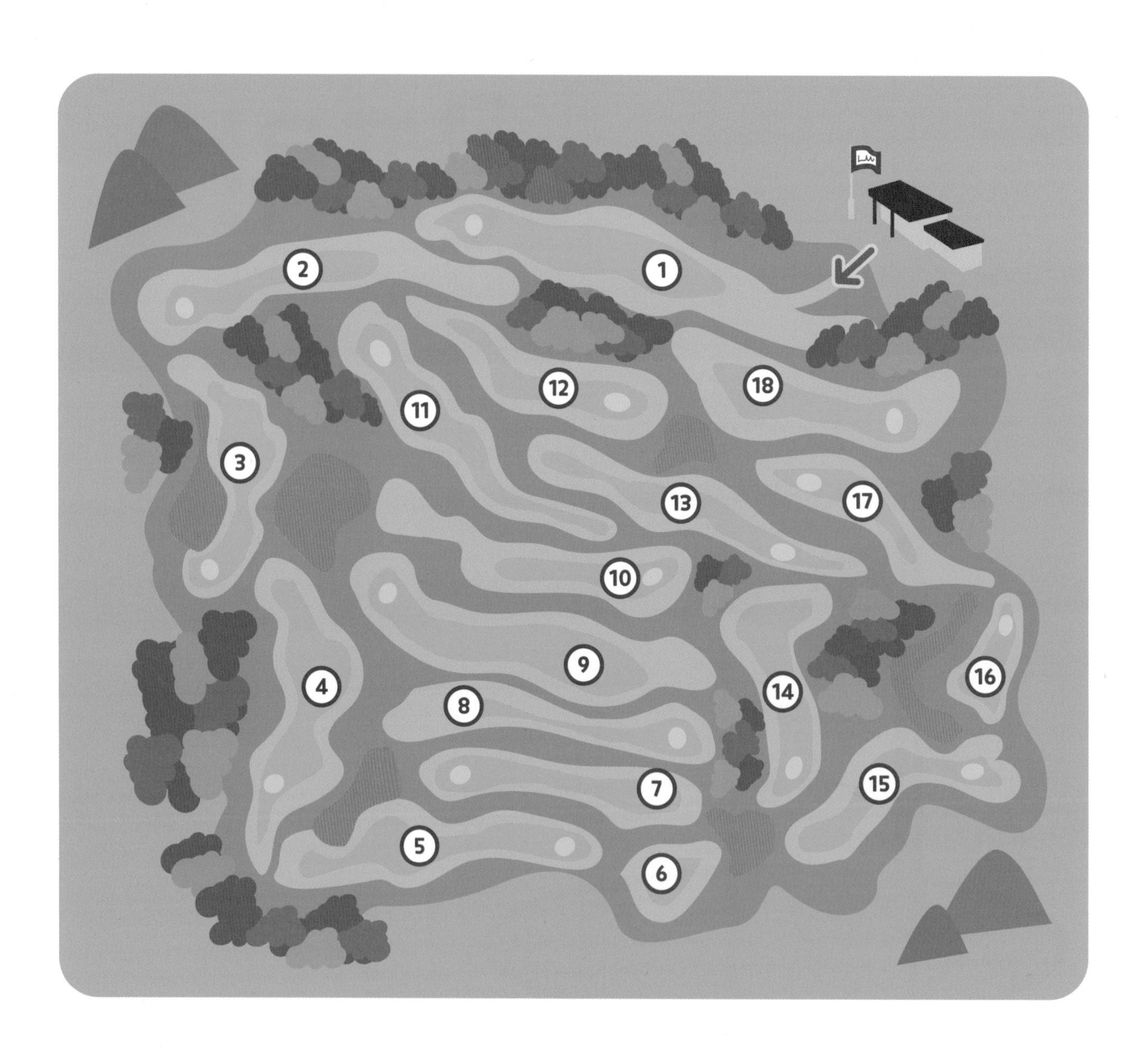

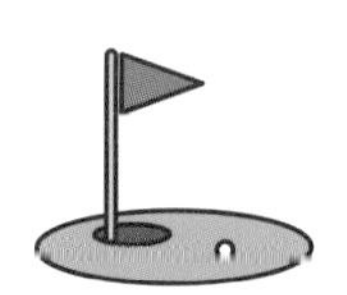

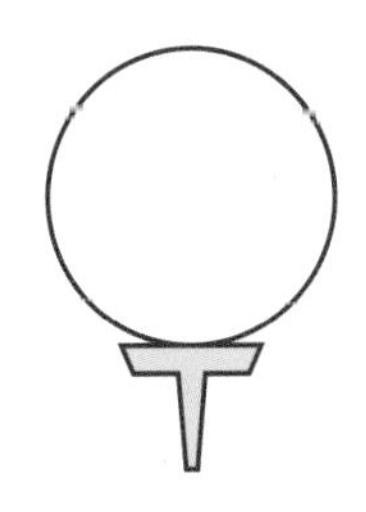

★읽어보세요★

< 골프장에서 갖춰야 할 차림새 >

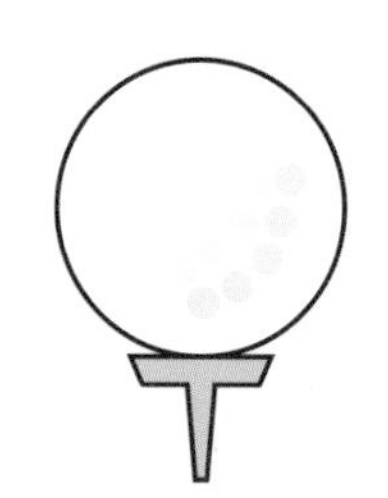

★읽어보세요★

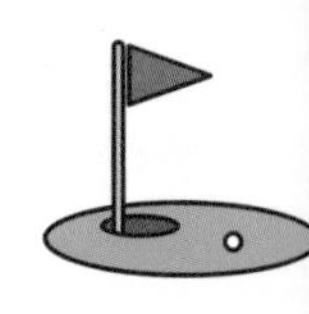

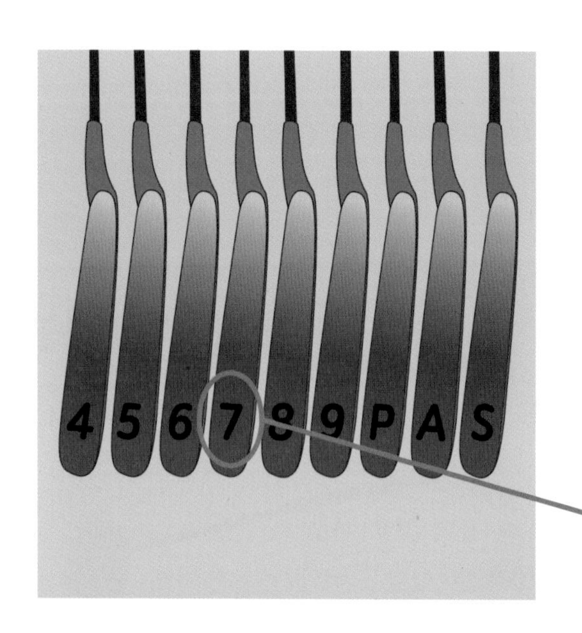

7번 아이언

아이언 개수 중에 중간 정도의 길이와 각도를 가지고 있는 클럽이다.

(아이언은 경우에 따라 개수의 차이가 있을 수 있다. 대체적으로 4, 5, 6, 7, 8, 9번 아이언을 사용하고,웨지는 P,A,S를 많이 사용한다.)

아이언 중에서 7이라고 적혀 있는 아이언이 7번 아이언이다.

어깨선 – 옆에서 봤을 때 어깨가 보고 있는 방향

골반선 – 옆에서 봤을 때 골반이 보고 있는 방향

무릎선 – 옆에서 봤을 때 무릎이 보고 있는 방향

스탠스 – 양발이 서 있는 모습

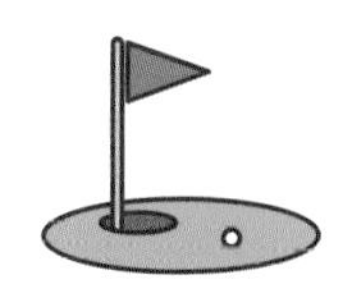

문제를 읽고 맞는 답(번호)에 ∨표시해 보세요.

● 골프장은 어디 일까요?

①

②

③

④

● 골프를 하고 있는 사람은 누구일까요?

①

②

③

④

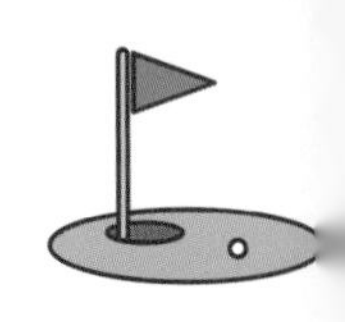

골프를 치기에 편안한 옷에 O표를 불편한 옷에는 X표를 해보세요.

하늘하늘한 공주 드레스

격식을 갖춰 입는 정장

헐렁헐렁한 티셔츠와 바지

활동하기에 편안한 옷

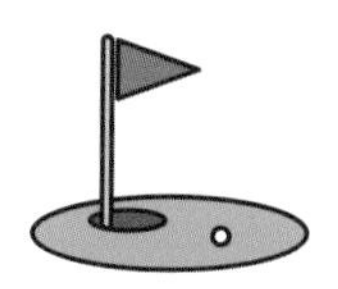

오른손잡이의 골프선수들이 장갑을 끼는 손에
색칠해 보세요.

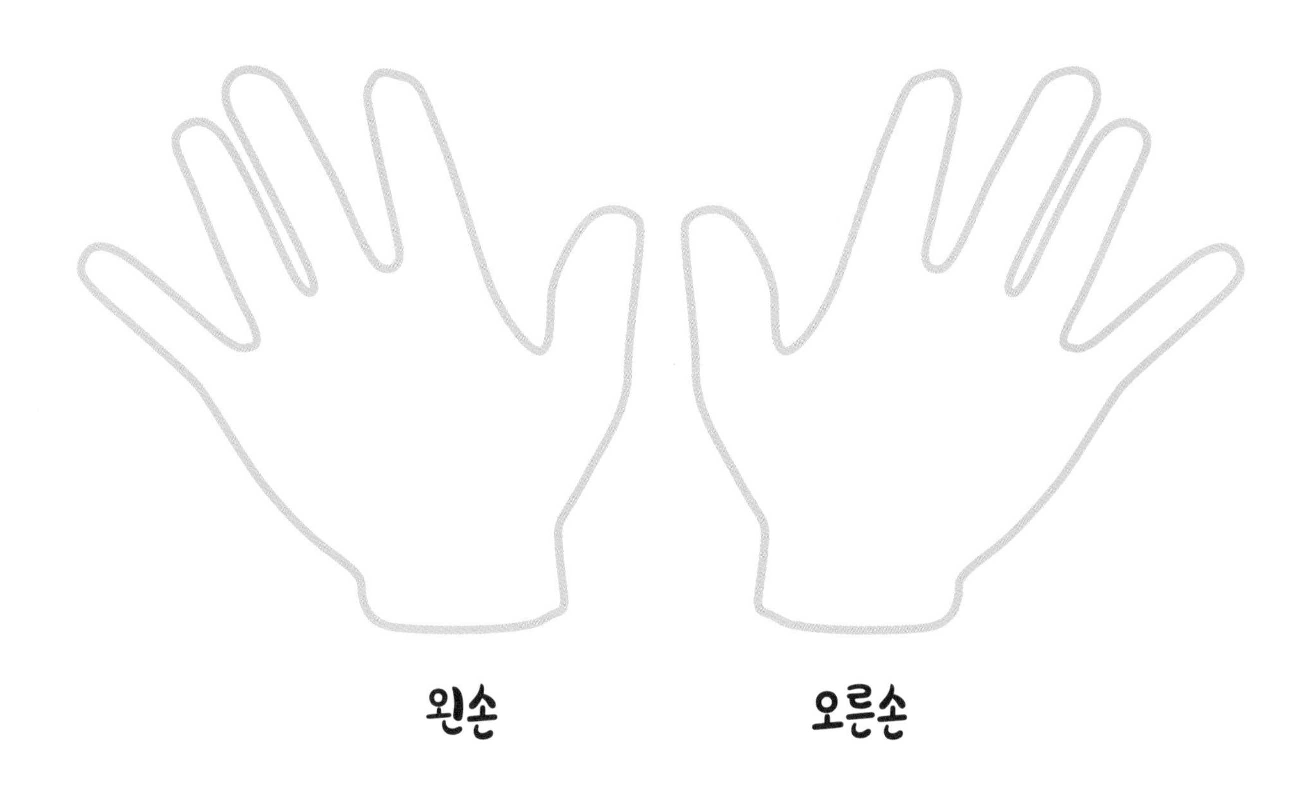

왼손 오른손

〈선수들이 한 쪽에만 장갑을 끼는 이유〉

골프장갑을 끼는 이유는 미끄럼 방지와 물집이 잡히는 등의 부상을 방지하는 목적으로 낍니다. 양손에 끼지 않고 한쪽 손에만 끼는 이유는 손의 감각이 맨손일 때가 더 좋기 때문에 선수들은 대부분 한 쪽 손에만 장갑을 끼고 운동을 합니다.

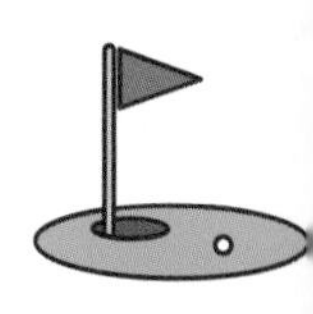

골프를 칠 때 손에 끼는 골프장갑에 O표를 해주세요.

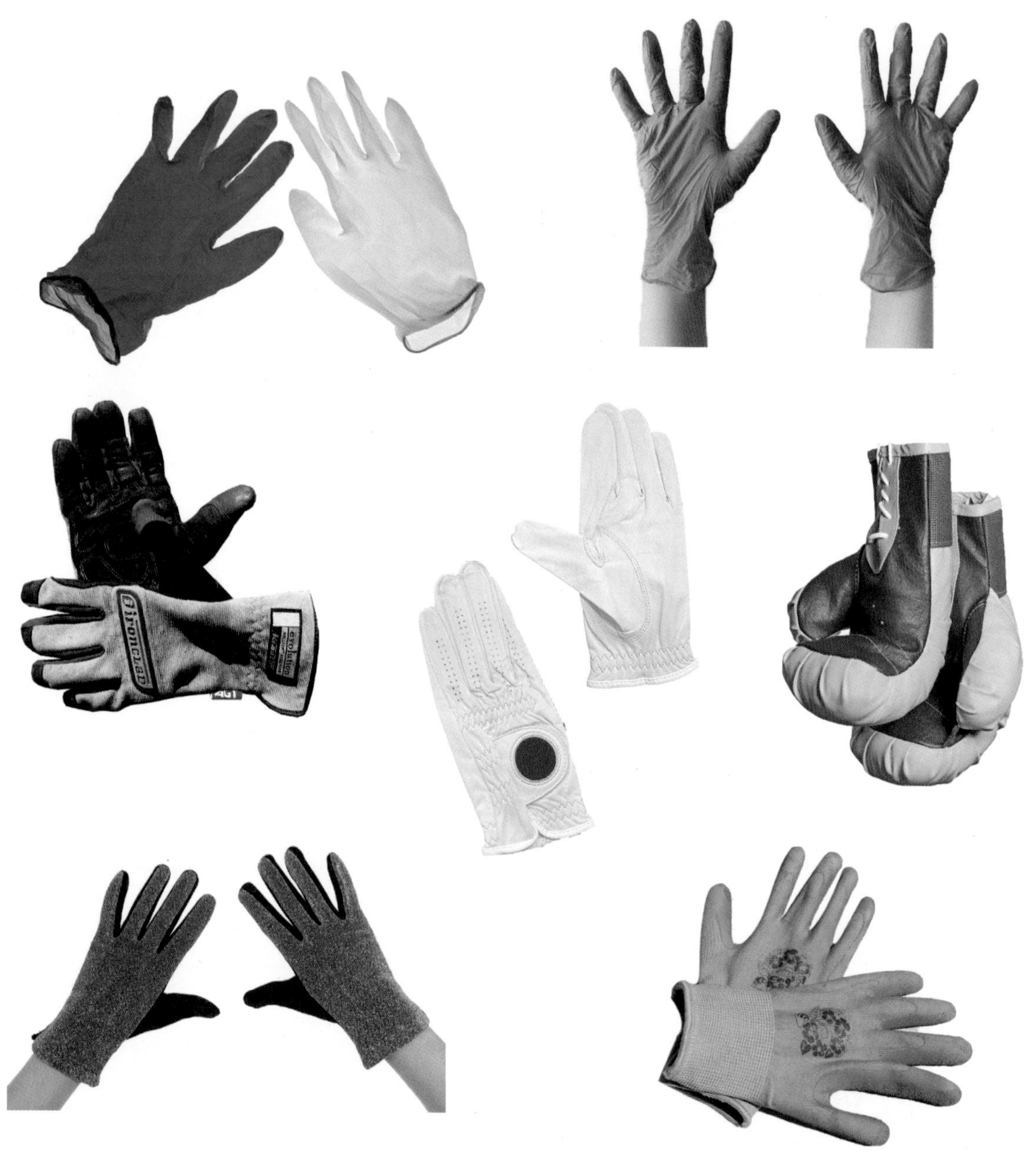

〈골프장갑을 껴야 하는 이유〉

땀이 나서 손이 미끄러우면 스윙을 할 때 클럽을 놓칠 수 있어서 위험하고 손가락에 물집이 잡히는 등의 부상을 방지할 수 있도록 장갑을 끼는 것이 좋습니다.

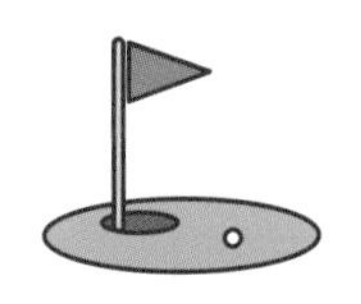

골프를 할 때 신어야 하는 신발을 모두 골라 O표를 해주세요. (2가지가 있어요)

〈골프화를 신어야 하는 이유〉

발바닥이 고정이 되어 있지 않으면 스윙을 하다가 미끄러져서 넘어질 수 있어요.

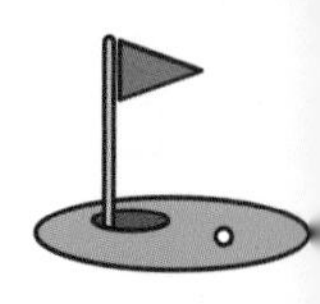

사진을 보고 사진 속 클럽의 이름에 O표를 해주세요.

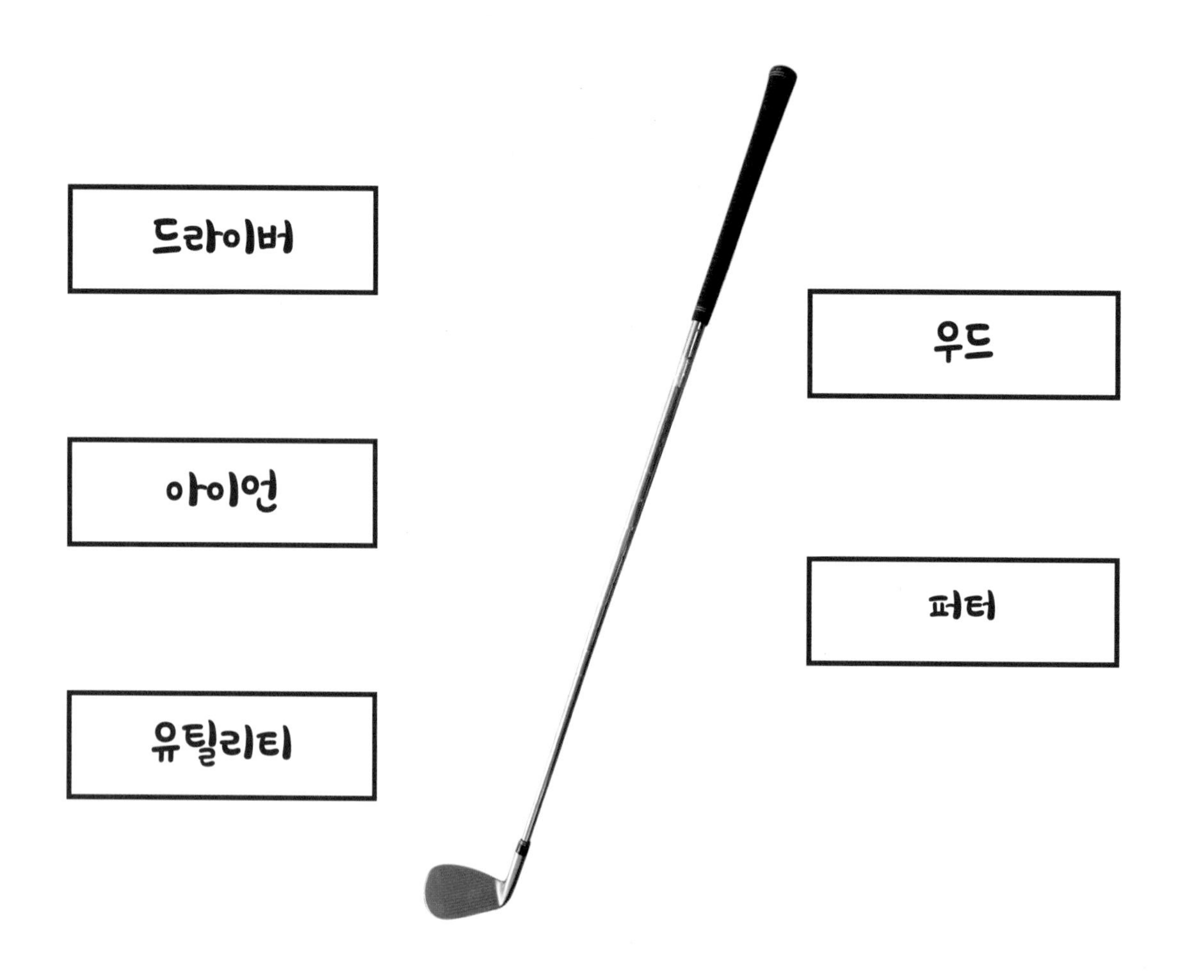

〈처음에 스윙을 배울 때〉

중간 정도 길이의 클럽으로 배우는 것이 나중에 더 긴 클럽으로 치거나 더 짧은 클럽을 치게 되어도 적응을 하기 쉽기 때문에 7번 아이언으로 스윙을 배워요.

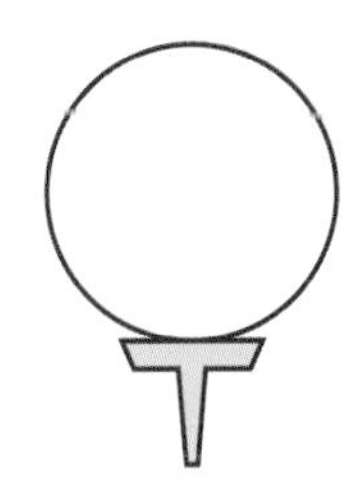

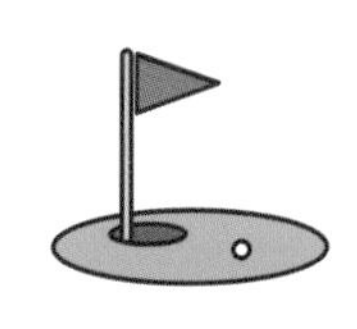

★읽어보세요★

빨간 동그라미 가 되어있는 곳의 명칭을 알아봐요.

손으로 잡는 그립이라고 해요

공을 치는 헤드라고 해요

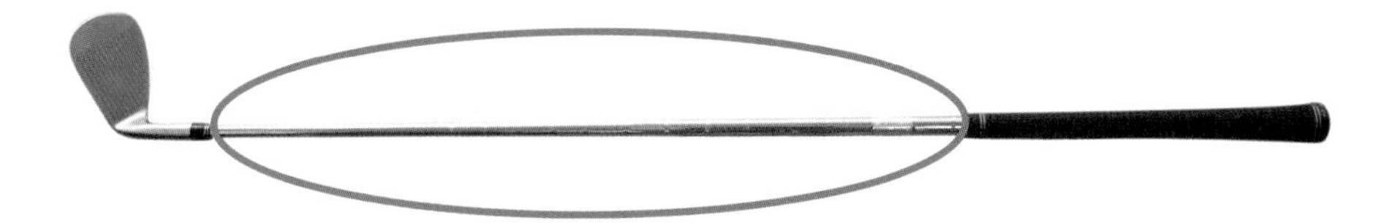

그립과 헤드를 연결시켜주는 샤프트라고 해요

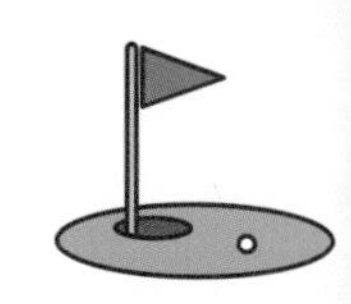

각각의 빨간 동그라미 가 그려진 부분이 어떤 역할을 하는지 사다리를 타고 내려가 확인해 보세요.

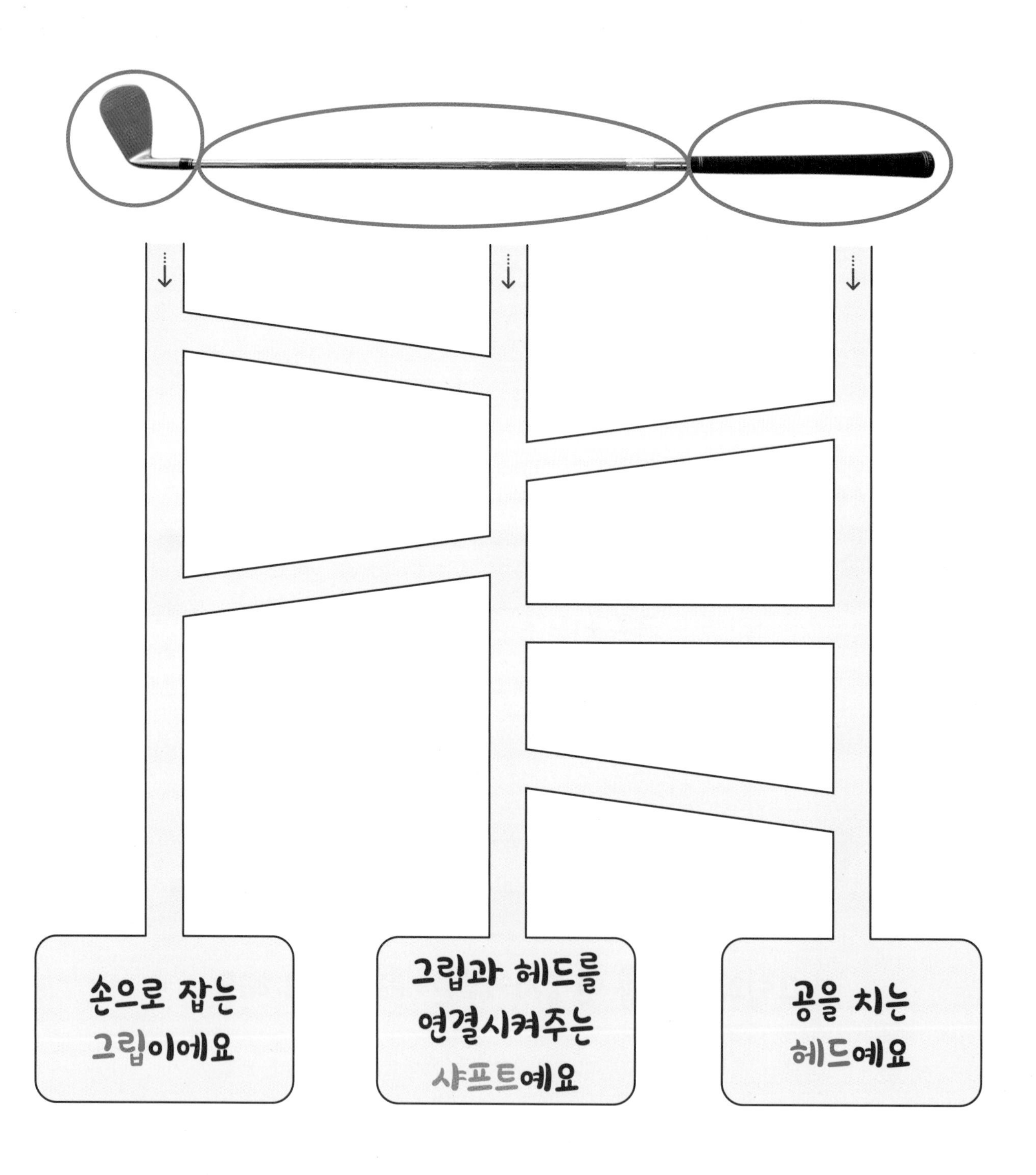

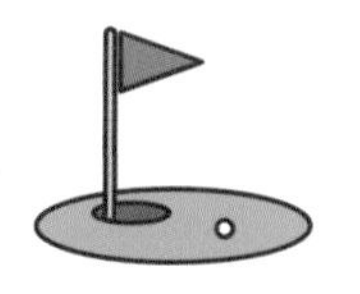

내가 칠 클럽을 가지고 타석으로 갈 수 있도록 미로를 빠져나가 보세요.

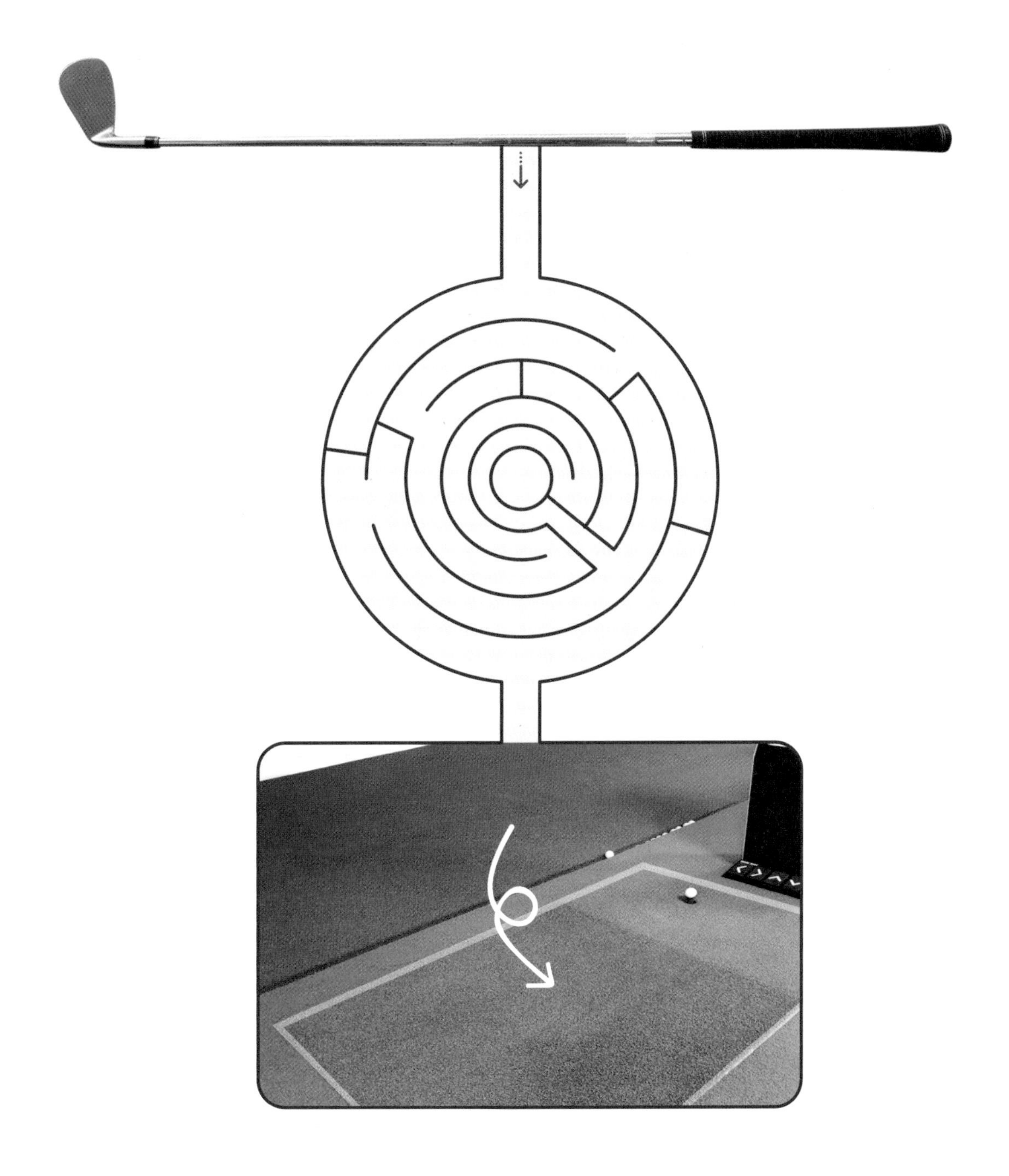

〈타석이란?〉

연습장에서 스윙을 하거나 공을 칠 수 있는 자리를 타석이라고 해요.

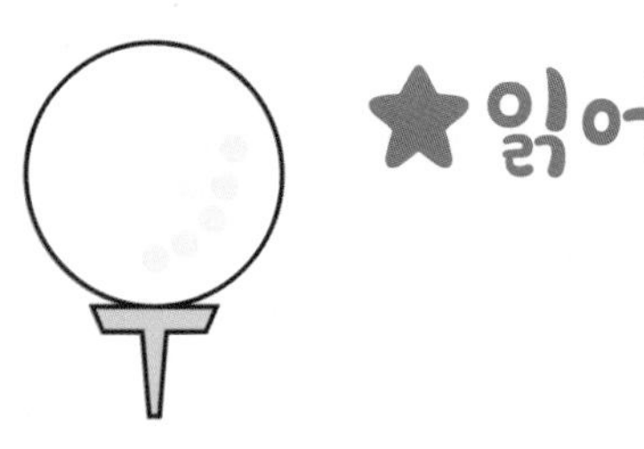

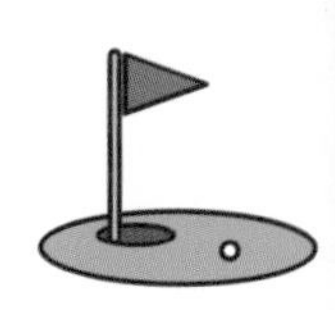

★읽어보세요★

타석에서 하면 안 되는 위험한 행동들이에요.
글을 읽어보고 위험한 행동을 하지 않도록 해요.

1. 클럽을 마구 휘둘러요.
2. 타석에서 점프를 해요.
3. 이야기를 하면서 스윙을 해요.
4. 클럽을 바닥에 쾅! 하고 내려쳐요.
5. 매트 밖에서 볼을 쳐요.
6. 몇 개의 볼을 동시에 쳐요.
7. 골프공 이외의 것을 쳐요.
8. 큰 소리로 떠들어요.
9. 골프클럽 이외의 것으로 볼을 쳐요.
10. 타석이 아닌 곳에서 클럽을 휘둘러요.

02
그립

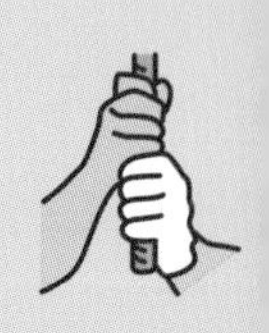

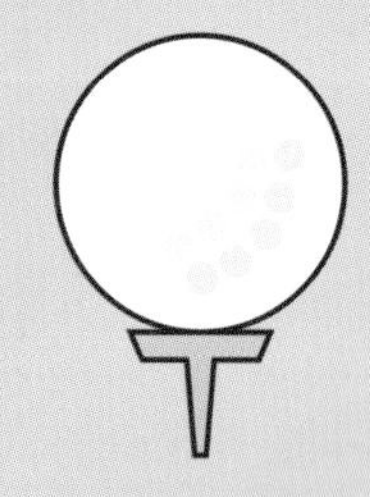

★읽어보세요★

그립을 잡는 방법을 배워봐요.

<그립의 종류>

<오버래핑 그립(Overlapping Grip)>

오른손 새끼손가락을 왼손 두 번째 손가락 위에 올려잡는 방법

<인터로킹 그립(Interlocking Grip)>

오른손 새끼손가락과 왼손 두 번째 손가락을 약속하듯이 서로 교차하여 잡아주는 방법

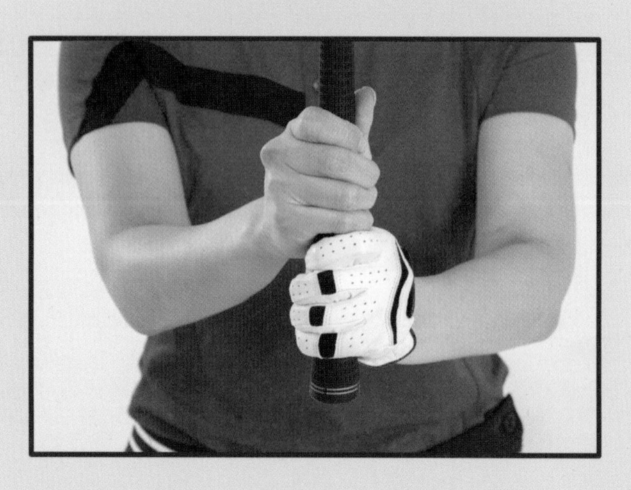

<베이스볼 그립(Baseball Grip)>

야구방망이를 잡듯이 양손 손가락을 모두 그립에 대고 쥐는 방법

(베이스볼 그립(Baseball Grip) = 내추럴 그립(Natural Grip))

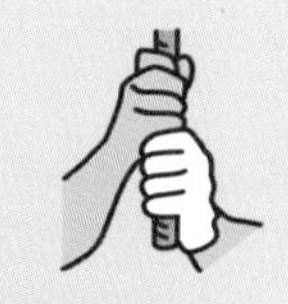

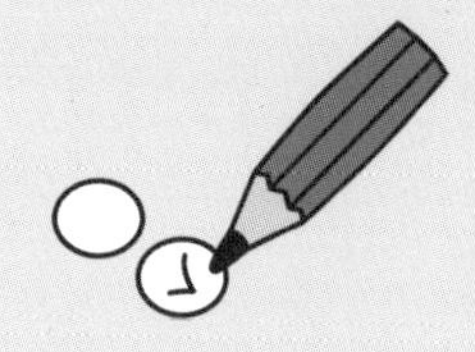

네모 안에 글을 읽고 연관된 곳에 선을 그려 연결해 보세요.

야구방망이를 잡듯이
양손 손가락을 모두
그립에 대고 쥐는 방법

오른손 새끼손가락을
왼손 두 번째 손가락
위에 올려잡는 방법

오른쪽 새끼손가락과
왼손 두 번째 손가락을
약속하듯이 서로 교차
하여 잡아주는 방법

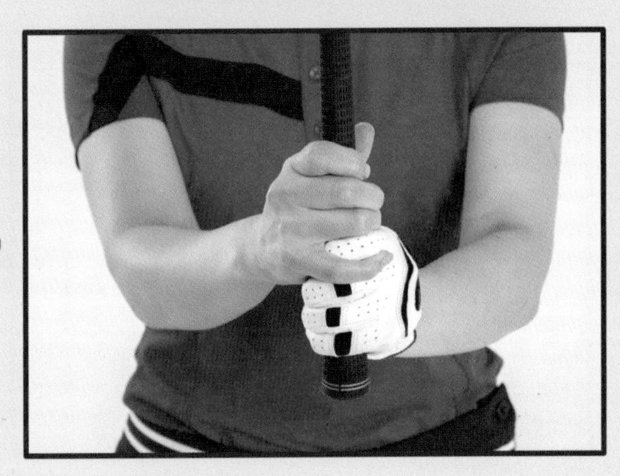

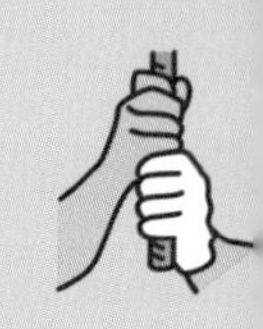

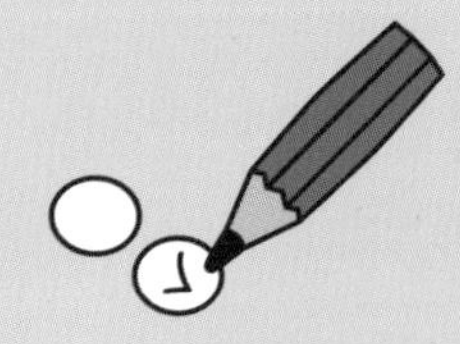

네모 안에 글을 읽고 연관된 곳에 선을 그려 연결해 보세요.

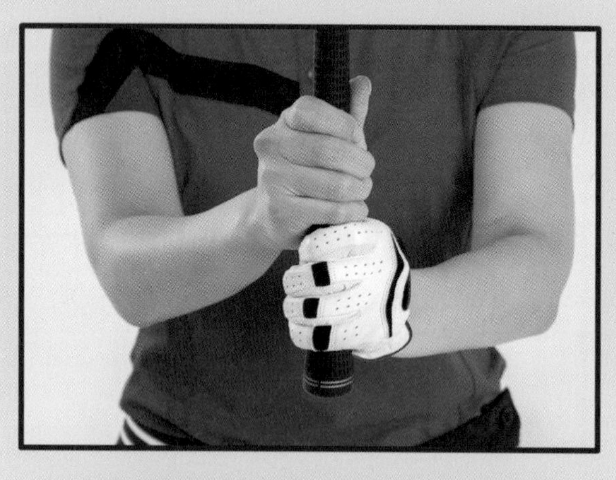

인터록킹 그립
(Interlocking Grip)

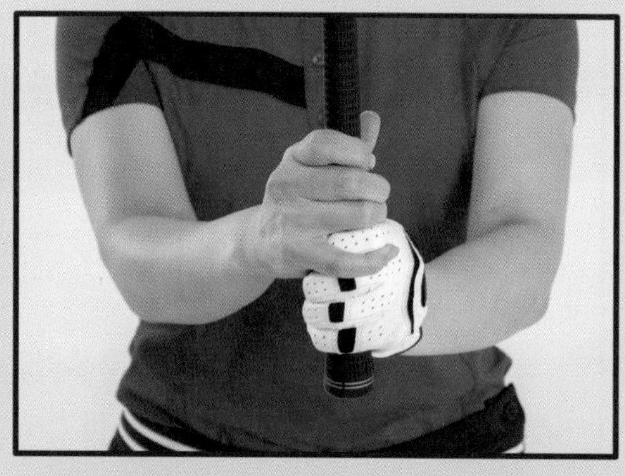

오버래핑 그립
(Overlapping Grip)

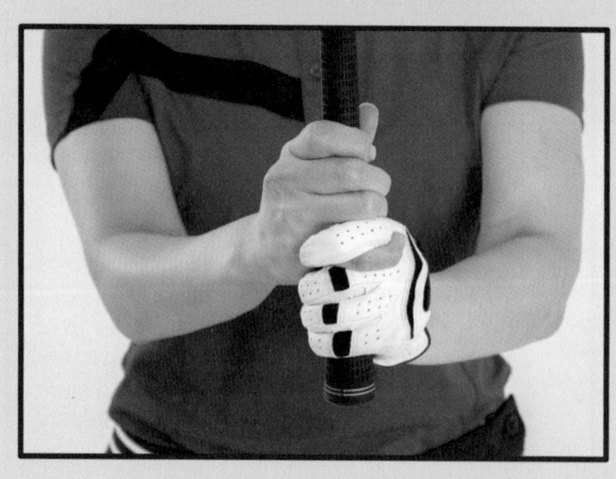

베이스볼 그립
(Baseball Grip)

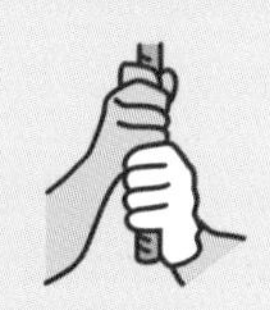

올바른 그립의 모양으로 잡은 사진에는 O표를
바르지 않은 그립의 사진에는 X표를 그려보세요.

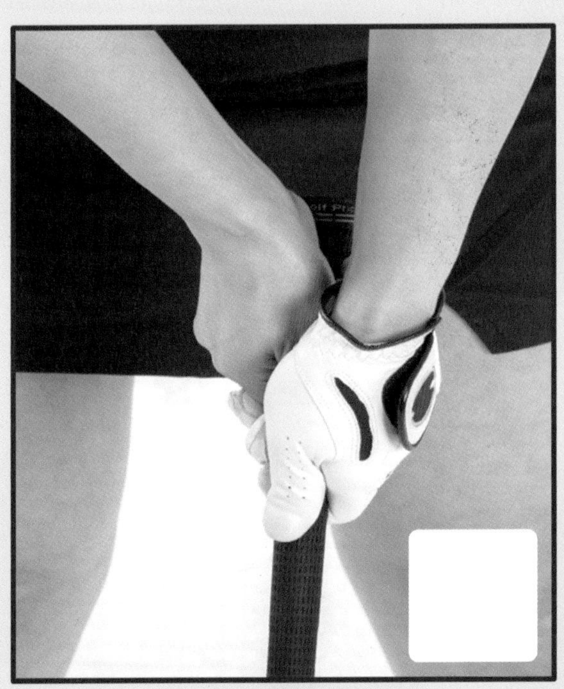

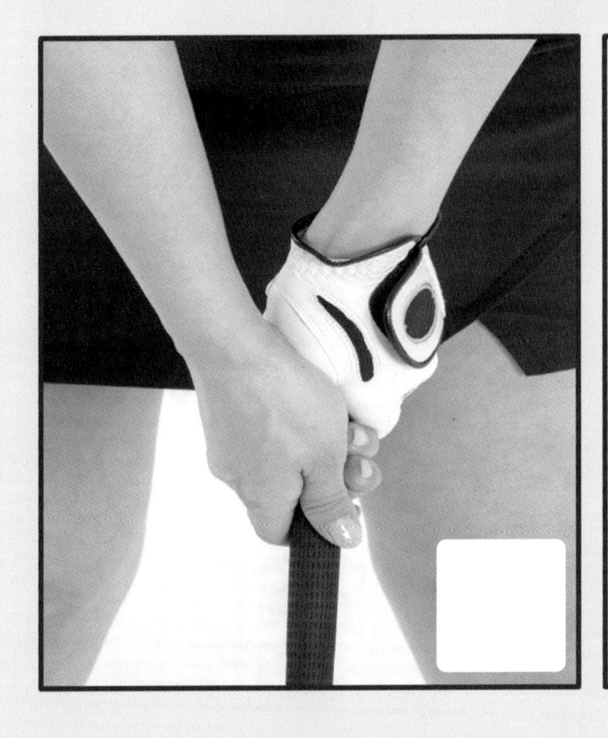

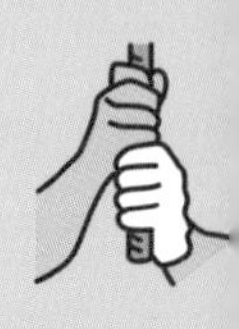

올바른 그립의 모양으로 잡은 사진에는 O표를
바르지 않은 그립의 사진에는 X표를 그려보세요.

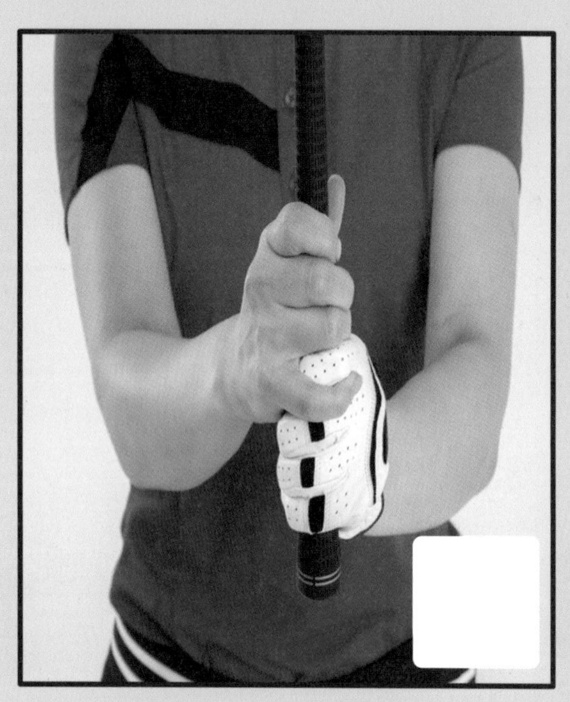

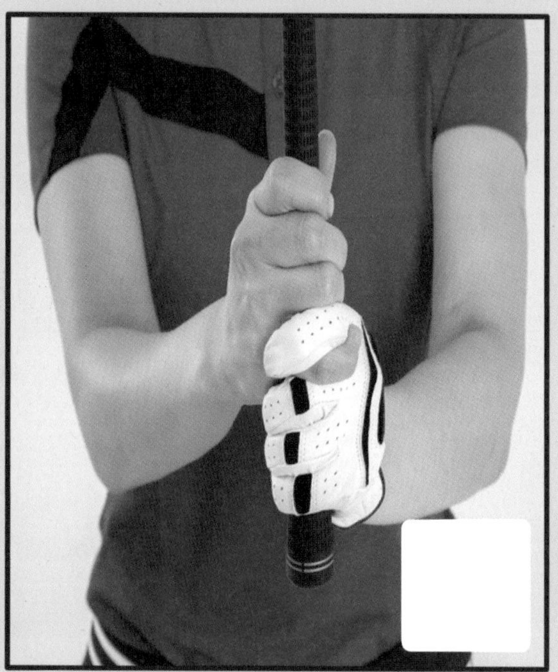

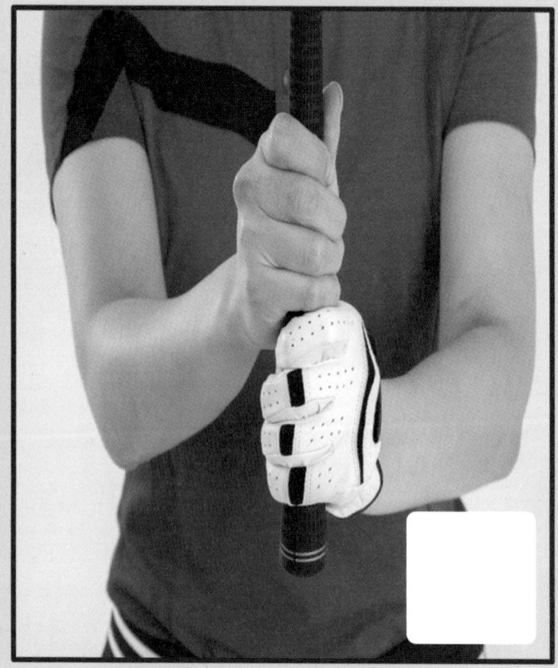

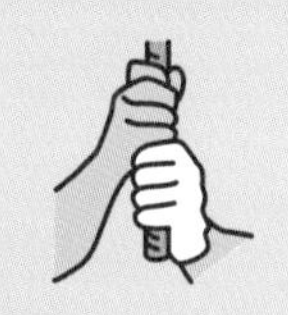

올바른 그립의 모양으로 잡은 사진에는 O표를
바르지 않은 그립의 사진에는 X표를 그려보세요.

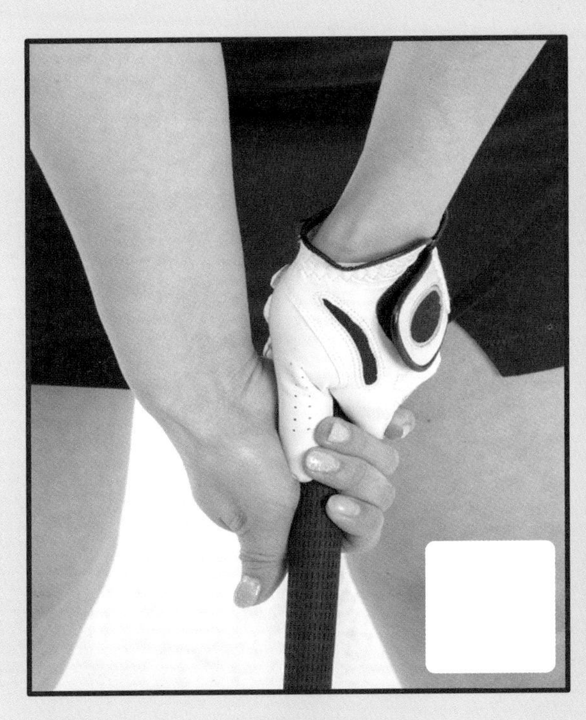

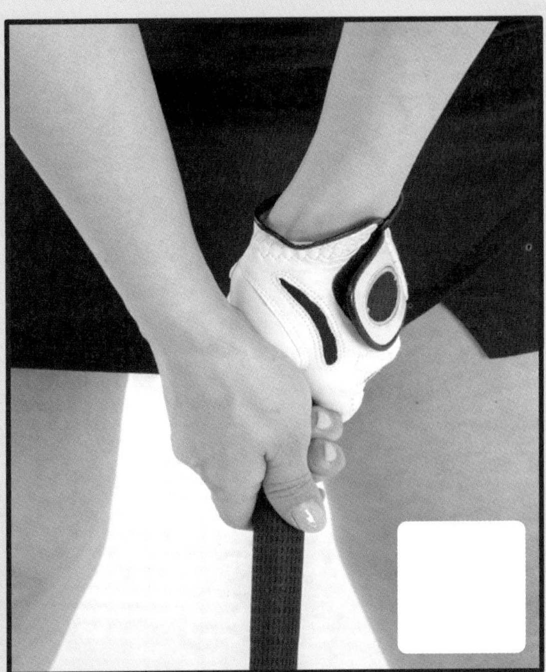

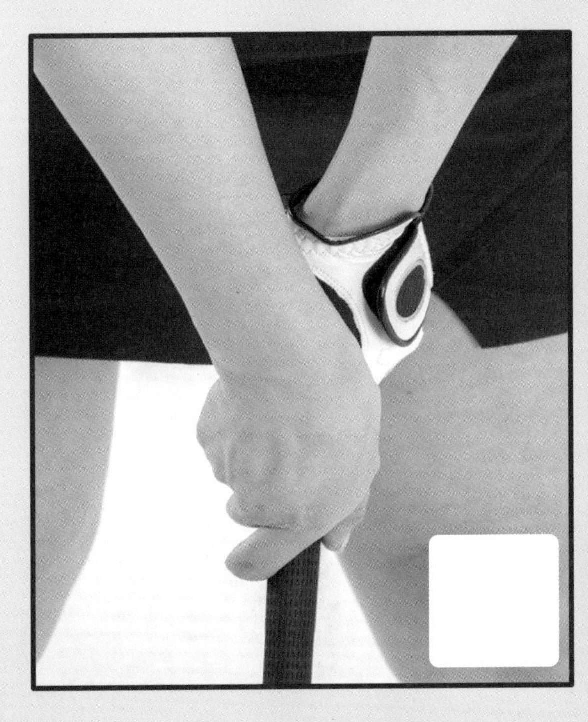

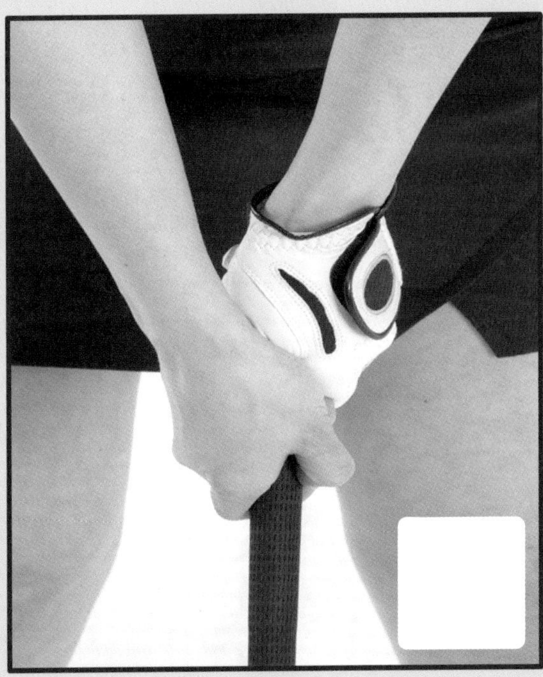

OX퀴즈.

그립을 잡는 손의 위치가 바른 곳에는 O에 동그라미를
바르지 않은 곳에는 X에 동그라미를 그려보세요.

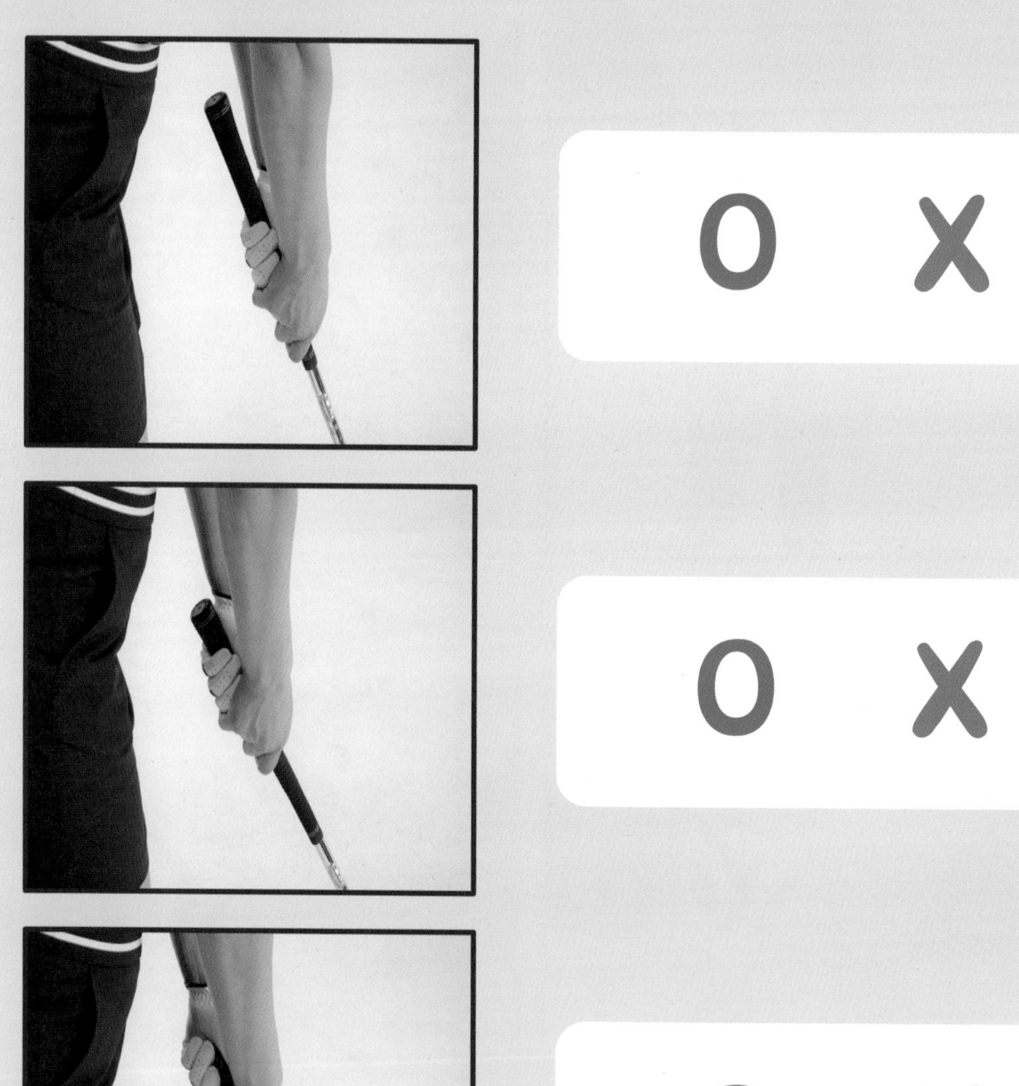

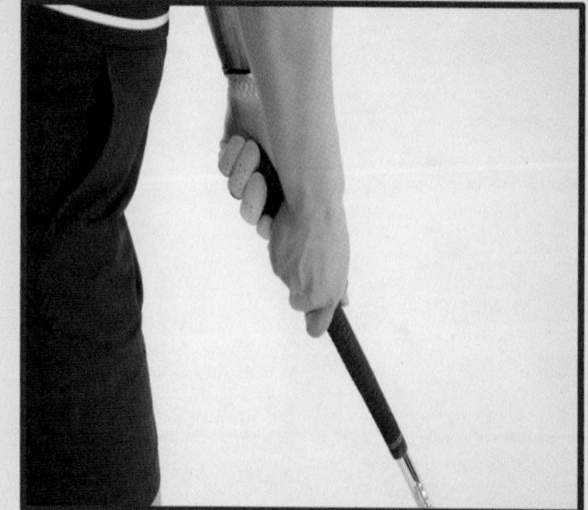

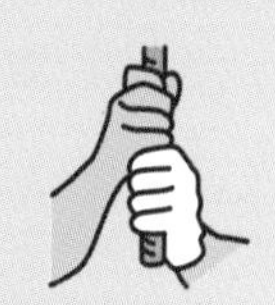

<지금 내가 잡고 있는 그립의 모양을 찾아보아요>

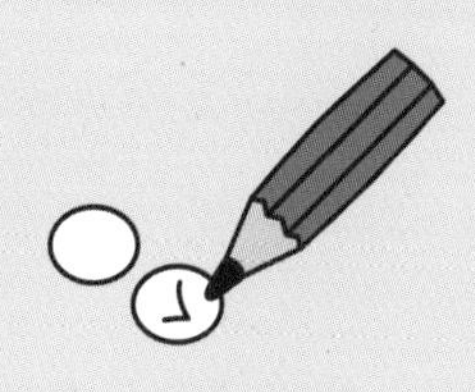

그림을 보고 내가 잡고 있는 그립에 체크 표시(V) 해주세요.

네, 이 그립을 잡고 있어요. ☐

아니요, 이 그립을 잡지 않아요. ☐

네, 이 그립을 잡고 있어요. ☐

아니요, 이 그립을 잡지 않아요. ☐

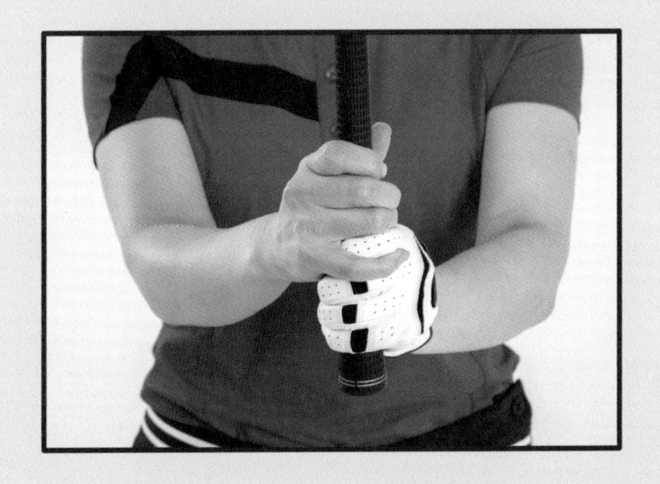

네, 이 그립을 잡고 있어요. ☐

아니요, 이 그립을 잡지 않아요. ☐

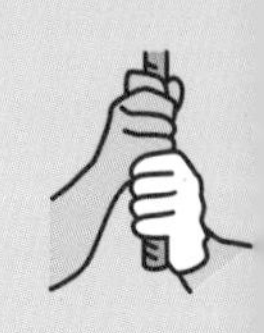

OX퀴즈.

그립을 잡았을 때 오른쪽 새끼손가락이 어디 있는지 생각해 보고 내가 잡고 있는 그립에는 O에 동그라미를 아닌 그립에는 X에 동그라미를 그려 보세요.

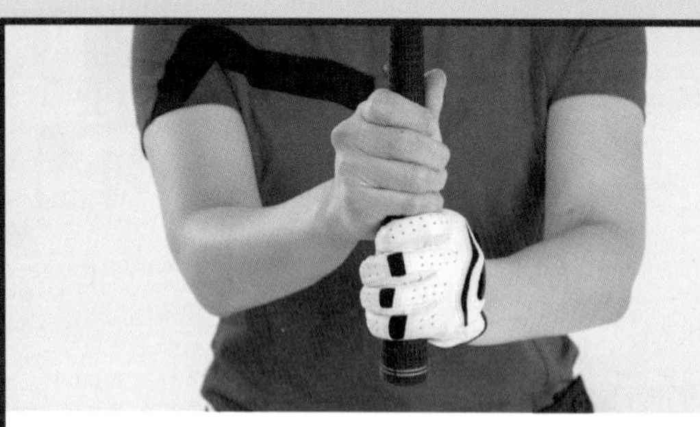

양손의 손가락이 모두 보이는 모습

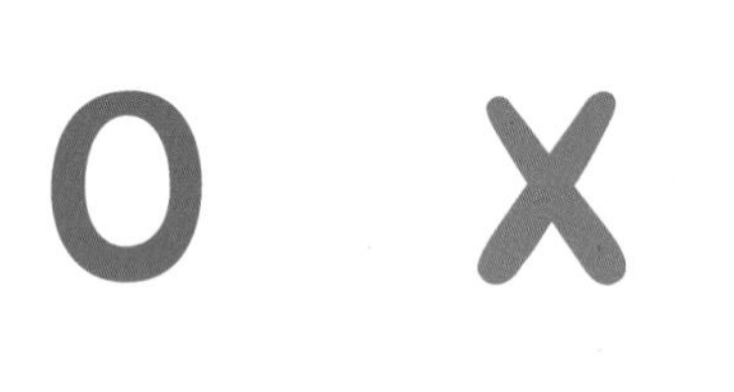

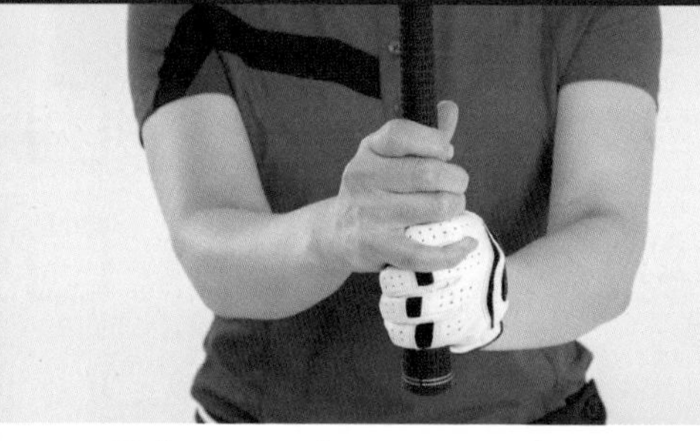

오른손 새끼손가락이 왼손 검지와 중지 사이에 얹어 있는 모습

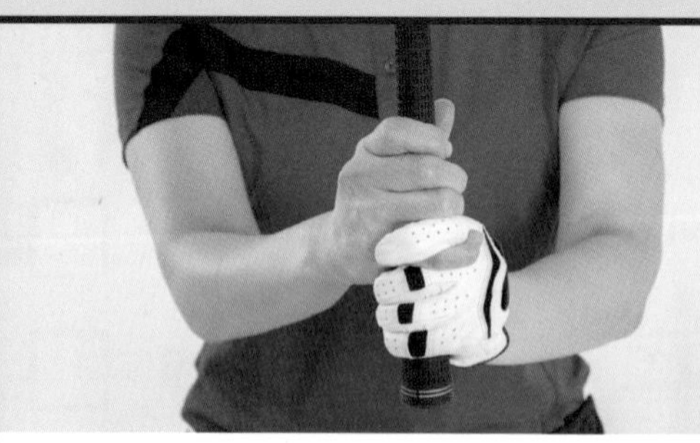

오른손 새끼손가락이 왼손 검지와 약속하듯이 깍지를 끼고 있는 모습

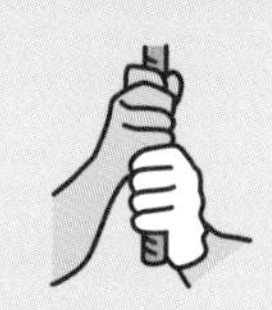

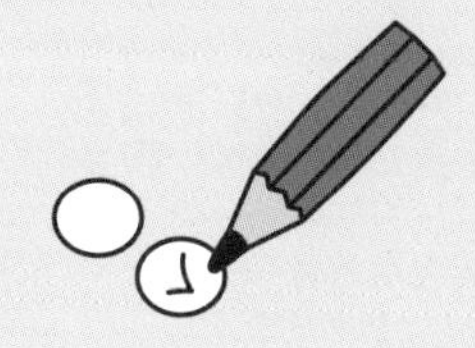

지금 내가 잡고 있는 그립의 이름은 무엇일까요?

① 베이스볼 그립(Baseball Grip)

야구방망이를 잡듯이 양손 손가락을 모두 그립에 대고 쥐는 방법

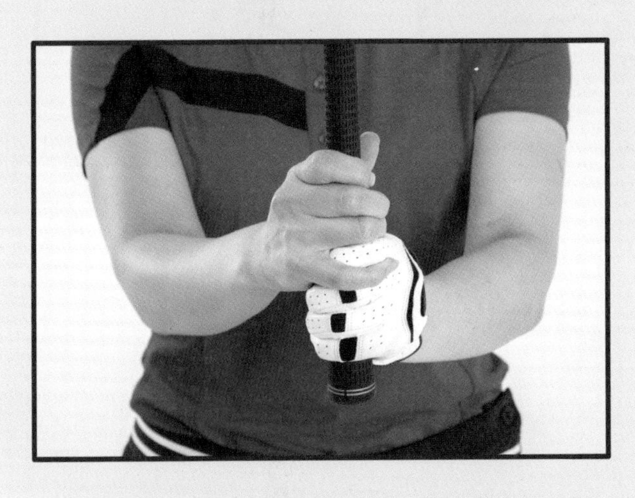

② 오버래핑 그립(Overlapping Grip)

오른손 새끼손가락을 왼손 두 번째 손가락 위에 올려잡는 방법

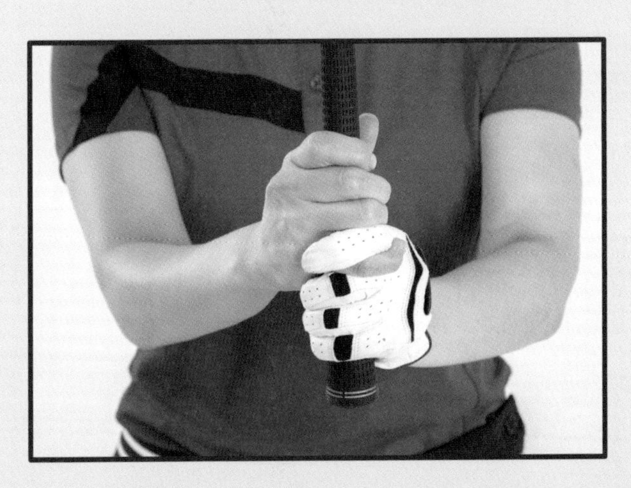

③ 인터록킹 그립(Interlocking Grip)

오른손 새끼손가락과 왼손 두 번째 손가락을 약속하듯이 서로 교차하여 잡아주는 방법

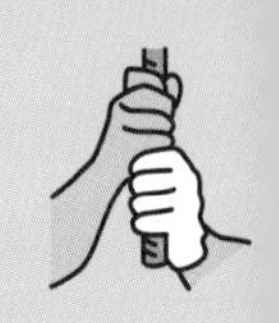

사진을 보고 자신이 잡고 있는 그립에 (○)를 하고 밑줄 그은 곳에 그립의 이름을 써주세요.

( ) ( ) ( )

저는 ________그립을 잡고 스윙을 합니다.

03

스탠스

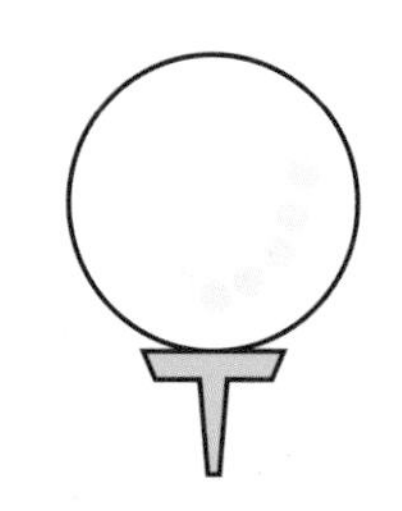

★읽어보세요★

스탠스를 배워요.

<스탠스란?>

공을 칠 때의 두 발의 위치나 벌린 발의 폭을 스탠스라고 해요.

<오픈스탠스>

기본적으로 3가지 스탠스 중 하나로 오른발을 왼발보다 볼 쪽으로 조금 내놓고 목표보다 왼쪽을 향해 취하는 발의 자세예요.

<클로즈스탠스>

기본적으로 3가지 스탠스 중 하나로 왼발을 오른발보다 볼 쪽으로 조금 내놓고 목표보다 오른쪽을 향해 취하는 발의 자세예요.

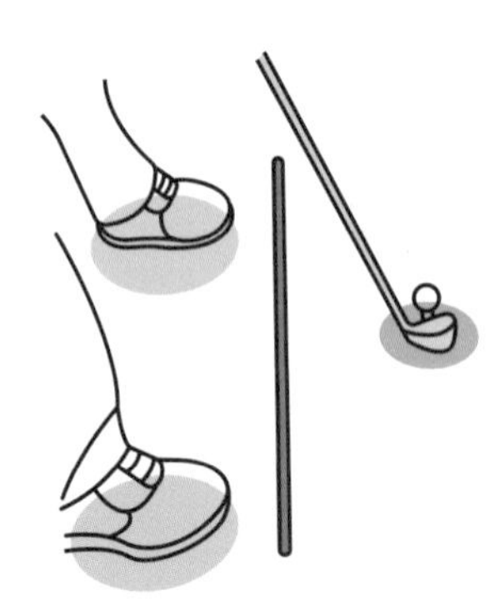

<스퀘어 스탠스>

기본이 되는 3가지 가운데 하나로 양쪽의 발끝이 평행(11자)이 되도록 목표 방향을 향해 바로 선 발의 자세예요.

올바른 스탠스에 O표를 바르지 않은 스탠스에는 X표를 해보세요.

오른발이 왼발보다 앞으로 나와있어야 해요. ☐

왼발이 오른발보다 앞으로 나와있어야 해요. ☐

두 발이 V자 모양으로 벌려서 서야 해요. ☐

두 발이 가지런하게 11자로 서야 해요. ☐

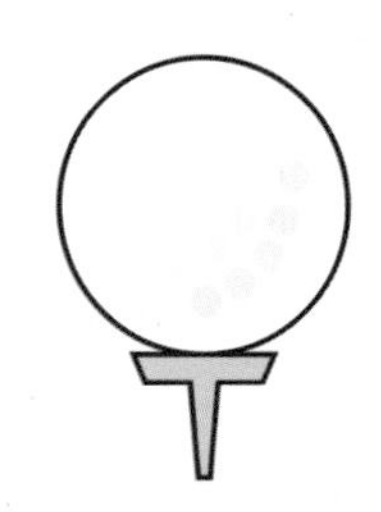

올바른 스탠스는 무엇일까요?

똑바른 공을 치기 위하여 스탠스(발 모양)는 어떻게 서야 할까요? 맞는 발 모양에 색칠해

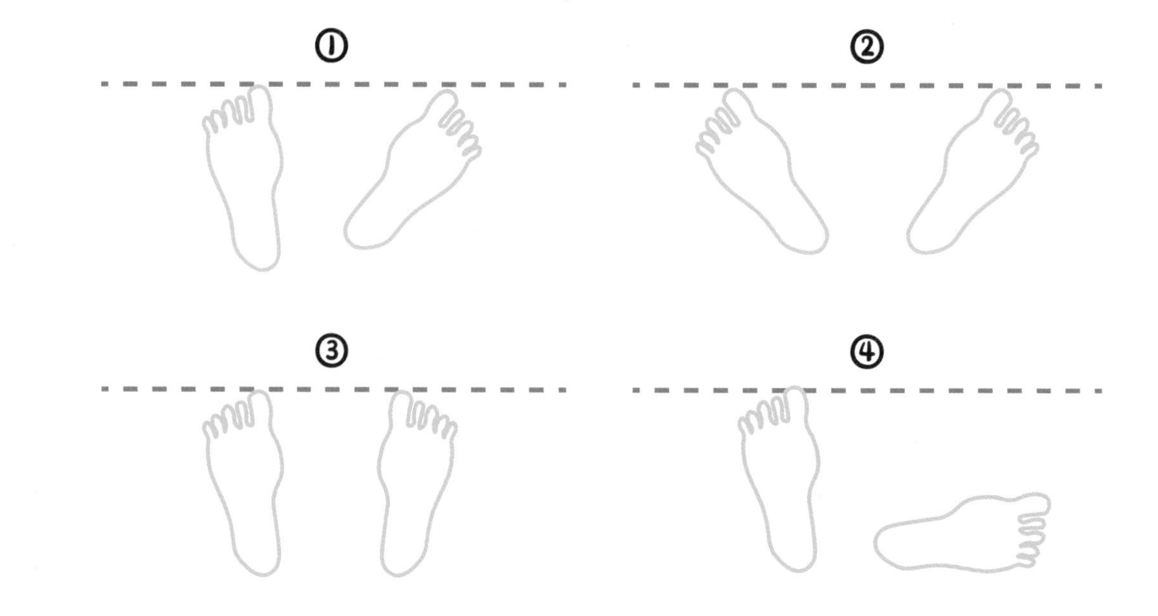

올바른 발의 모양을 그려주세요.

OX퀴즈.

1. 백스윙을 할 때 왼발 뒤꿈치가 떨어지면 안 된다.

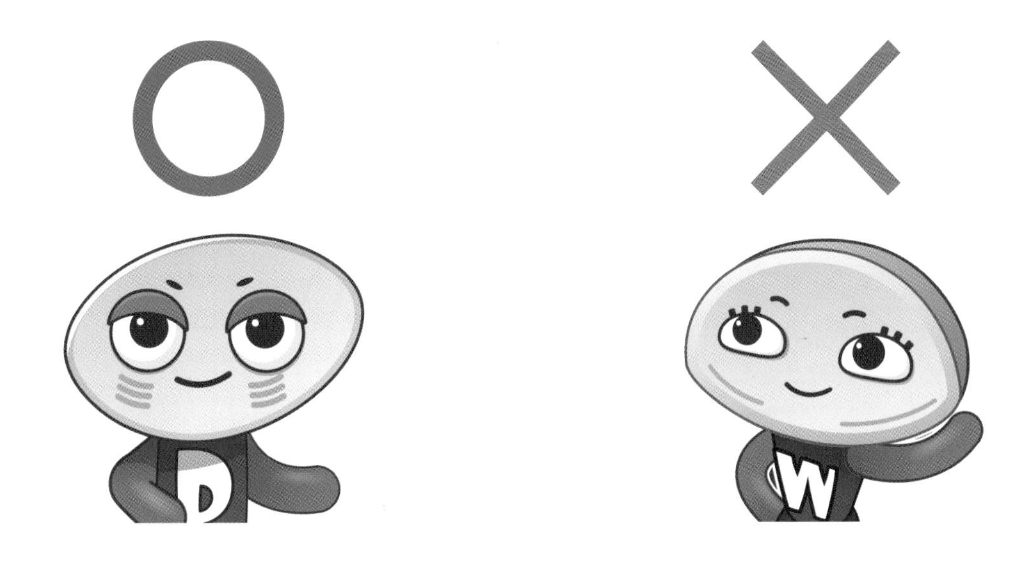

2. 스윙을 하는 중에 발바닥이 움직이면 안 된다.

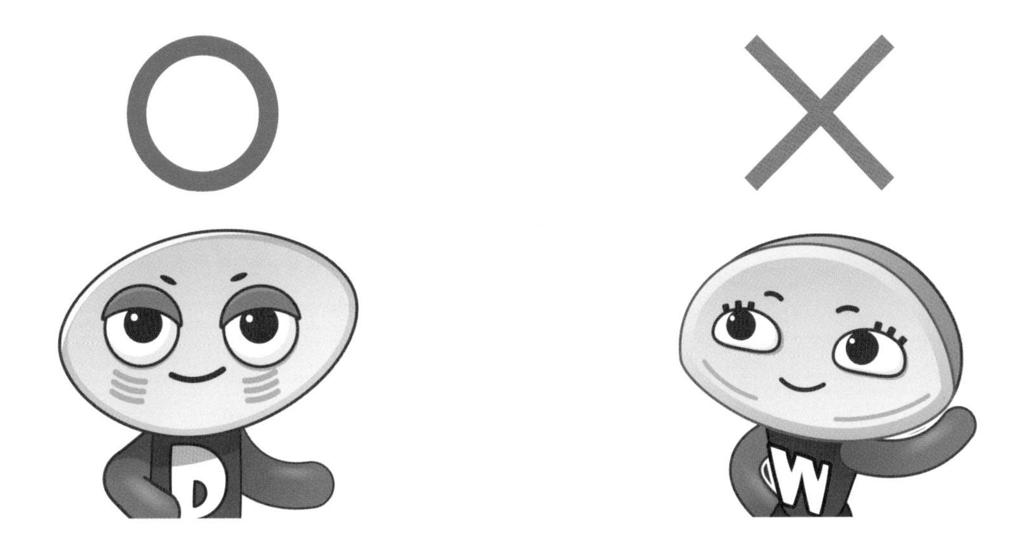

색칠공부 그림을 색칠해 보세요.

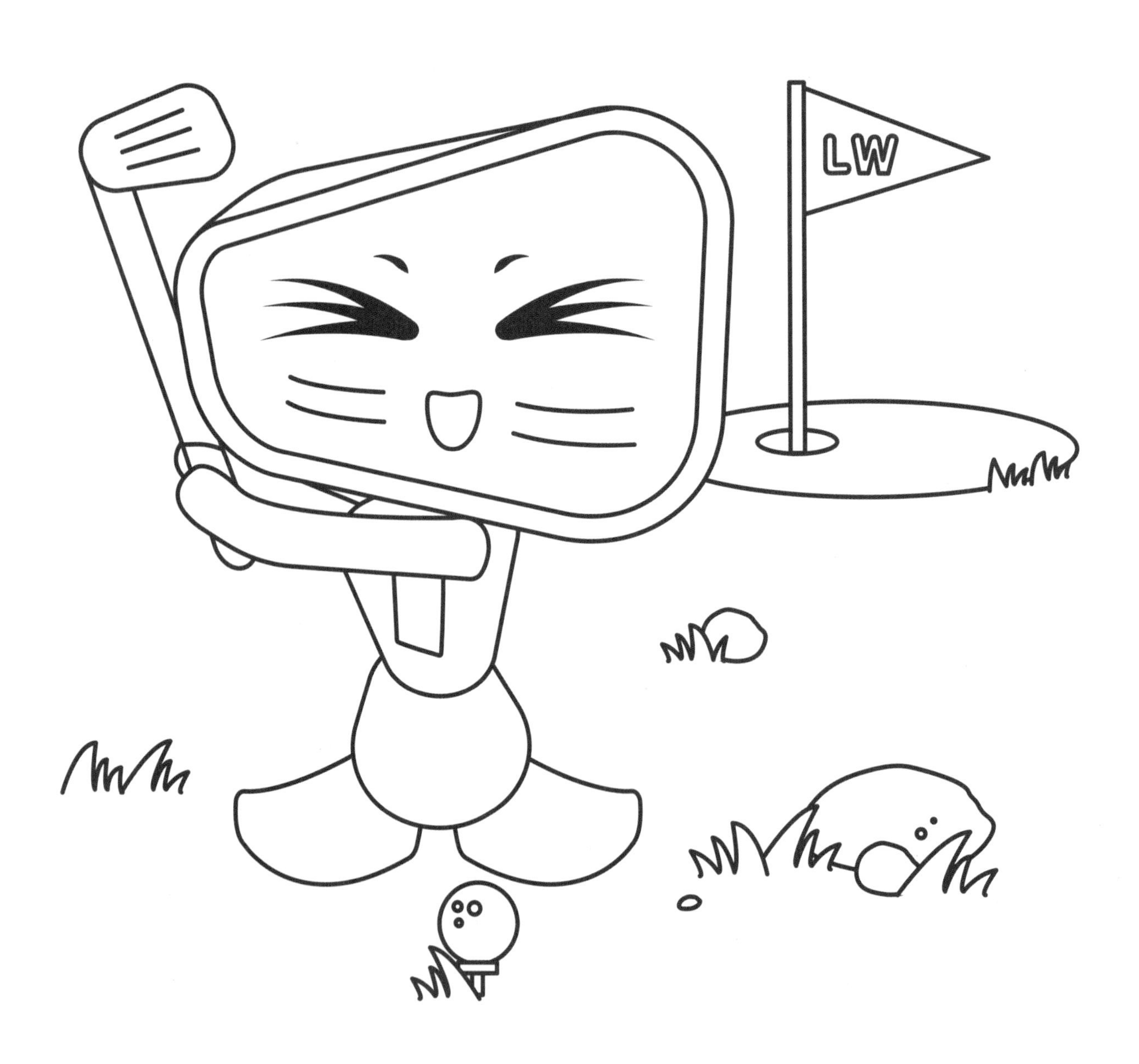

04

7번 아이언 어드레스

7번 아이언을 칠 때 공이 있어야 하는 곳에
동그라미를 색칠해 보세요.

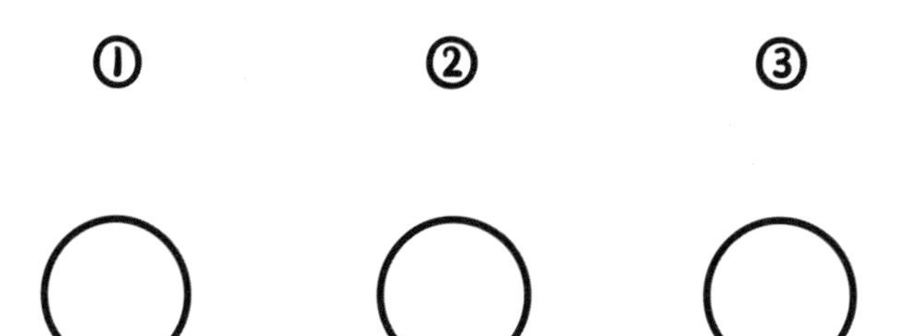

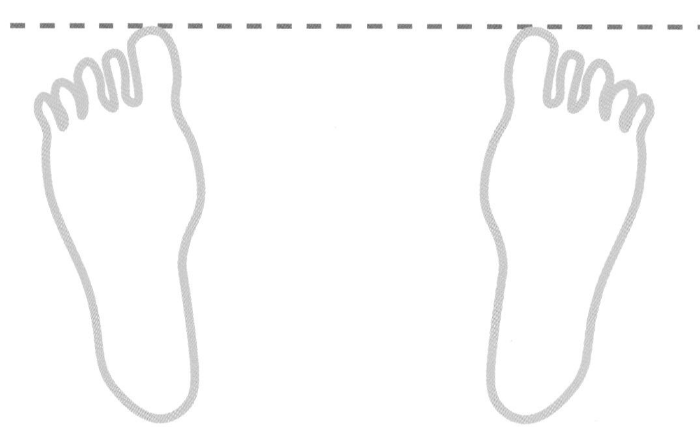

OX퀴즈.

7번 아이언을 칠 때 올바른 공의 위치에는 O에 동그라미를 바르지 않은 곳에는 X에 동그라미를 그려주세요.

왼발 안쪽 선상

발과 발 사이 중앙

오른발 안쪽 선상

사다리를 타고 내려가서 어드레스를 했을 때 손의 위치가 맞는 위치에 있는 그림끼리 짝 지어진 곳에 (O)를 틀린 곳에는 (X)를 해주세요.

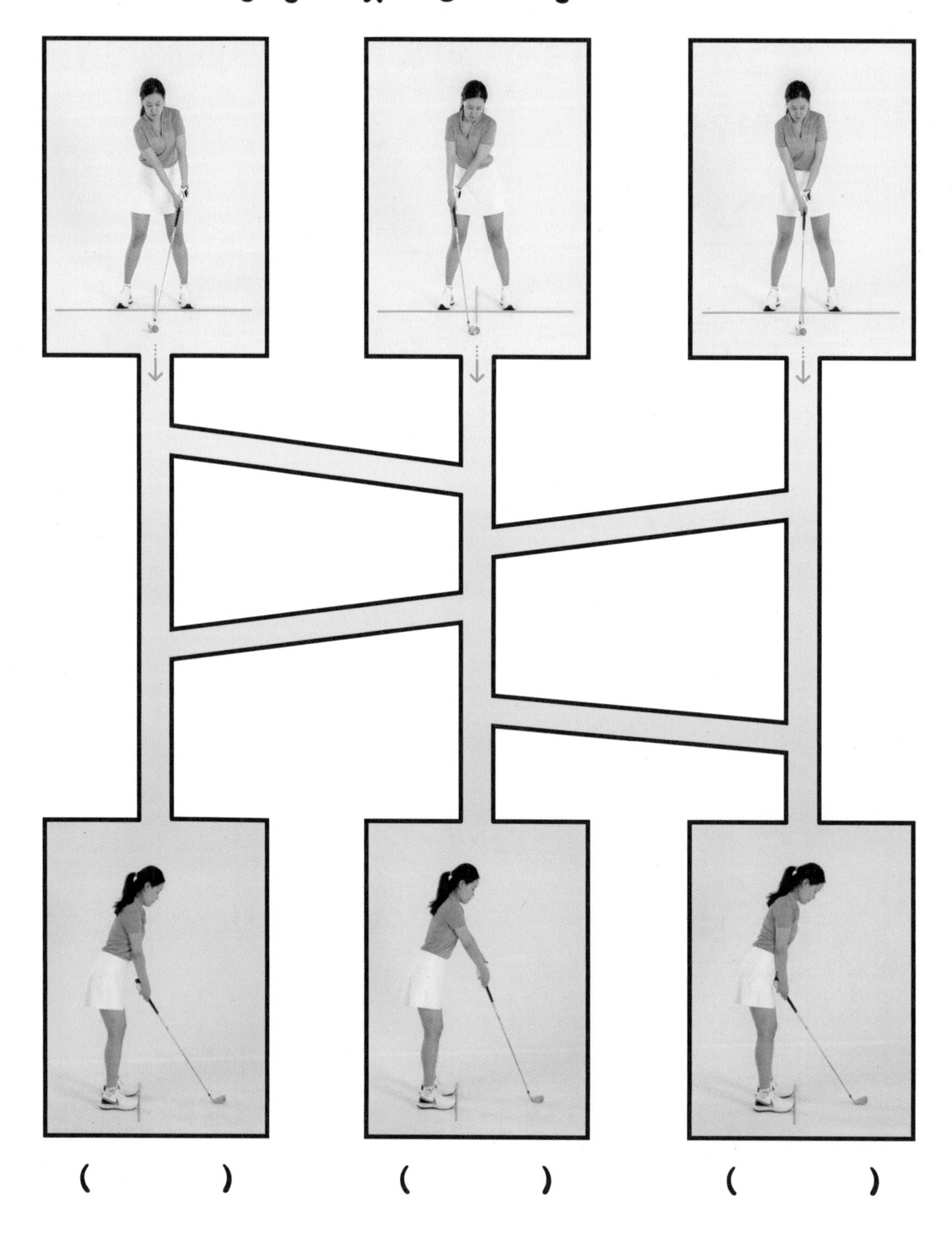

( ) ( ) ( )

7번 아이언을 칠 때 앞에서 본 올바른 어깨의
모양에 O표를 해주세요.

아이언을 칠 때 옆에서 본 잘못된 3가지의 어깨의 모양에 X표를 올바른 모양에는 O표를 네모 안에 넣어주세요.

어드레스를 했을 때 올바른 머리의 모양으로 바르게 짝 지어진 것은 몇 번일까요?

스탠스가 같은 방향을 바라보고 있는 사진끼리 선으로 연결해 보세요.

사진을 보고 어깨가 보는 방향을 정확하게 설명한 곳으로 선을 그어 연결해 보세요.

어깨선이 목표 방향을 보고 있음

어깨선이 오른쪽으로 닫혀있음

어깨선이 왼쪽으로 열려있음

사진을 보고 어깨가 보는 방향을 정확하게 설명한 곳으로 선을 그어 연결해 보세요.

●　●　●

●　●　●

어깨선이 왼쪽으로 닫혀있음

어깨선이 목표 방향을 보고 있음

어깨선이 오른쪽으로 열려있음

OX퀴즈.

올바른 헤드의 모양으로 알맞은 사진에 O에 동그라미를 올바르지 않은 헤드의 모양에는 X에 동그라미를 그리세요.

사진 속에 있는 헤드의 모양 그대로 스윙을 했을 때
볼이 나갈 방향에 선을 그어 연결해 보세요.

사진 속에 있는 헤드의 모양 그대로 스윙을 했을 때 볼이 나갈 방향에 선을 그어 연결해 보세요.

헤드의 모양이 목표 방향을 보고 있음	헤드의 모양이 왼쪽으로 닫혀있음	헤드의 모양이 오른쪽으로 열려있음

7번 아이언 어드레스를 할 때 올바른 동작을
따라가 보세요.

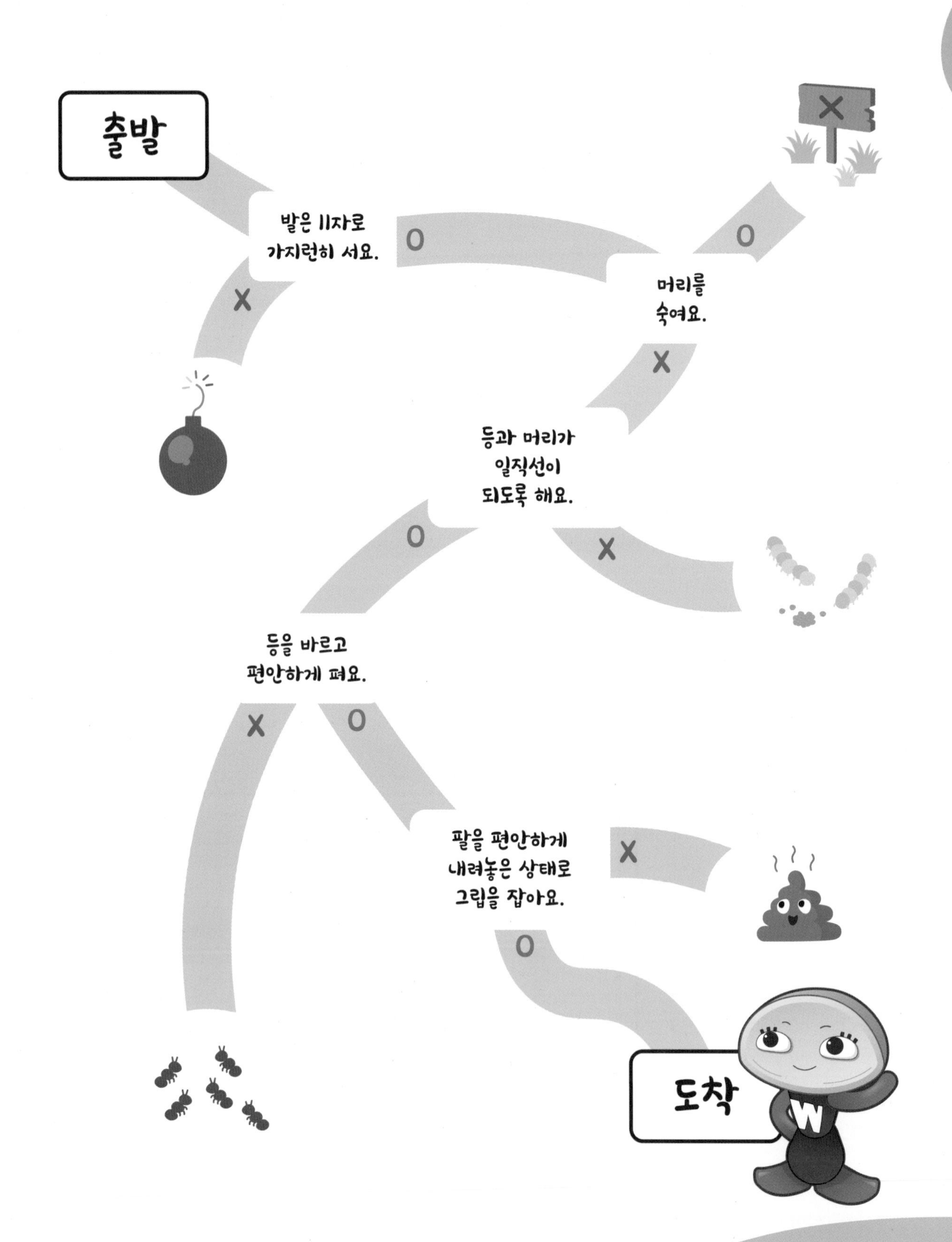

05

아이언 테이크 어웨이

OX퀴즈.

바른 동작의 사진에는 O에 동그라미를
바르지 않은 동작의 사진에는 X에 동그라미를
해보세요.

머리가 클럽헤드 쪽으로 따라간 모습

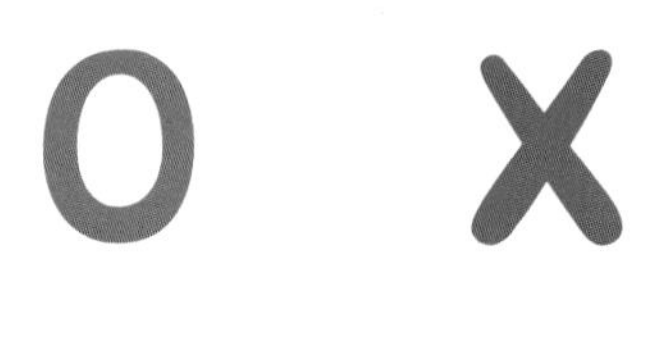

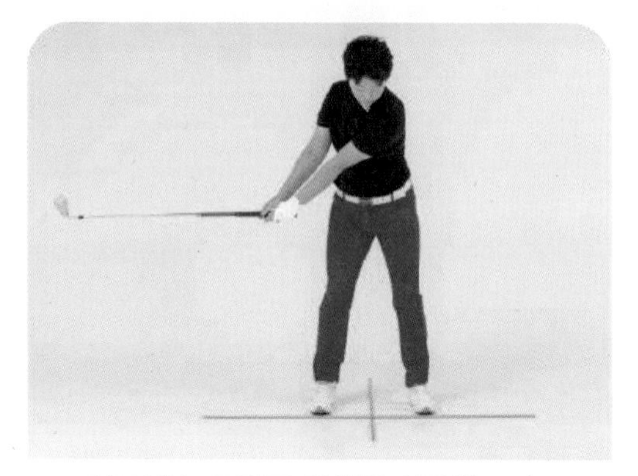

어드레스 그대로 상체를 회전한 모습

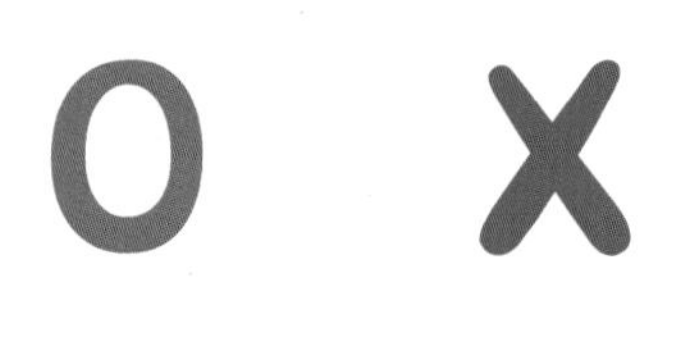

시선이 헤드를 바라보고 있는 모습

OX퀴즈.

바른 동작의 사진에는 O에 동그라미를
바르지 않은 동작의 사진에는 X에 동그라미를
해보세요.

엉덩이 뒤로 체중이 쏠리는 모습

몸이 앞으로 기울어지는 모습

어드레스 그대로 회전한 모습

〈보기〉 안에 사진을 보고 올바른 모습의 테이크어웨이(Take away)를 찾아 네모 안에 답을 적어보세요.

〈보기〉

어드레스 때보다 상체가 더 숙여진 모습

㉡

어드레스 때보다 상체가 더 일어난 모습

어드레스 그대로 회전한 모습

왼팔을 구부리면서 클럽을 들어 올린 모습

<보기> 안에 사진을 보고 올바른 모습의 테이크어웨이 (Take away)를 찾아 네모 안에 답을 적어보세요.

<보기>

㉠

어드레스 그대로 회전한 모습

㉡

어드레스 때보다 상체가 더 일어난 모습

㉢

어드레스 때보다 상체가 더 숙여진 모습

㉣

시선이 헤드를 바라보고 있는 모습

<보기>를 보고 올바른 테이크어웨이 (Take away) 끼리 짝 지어진 사진을 찾아 (✔)해보세요.

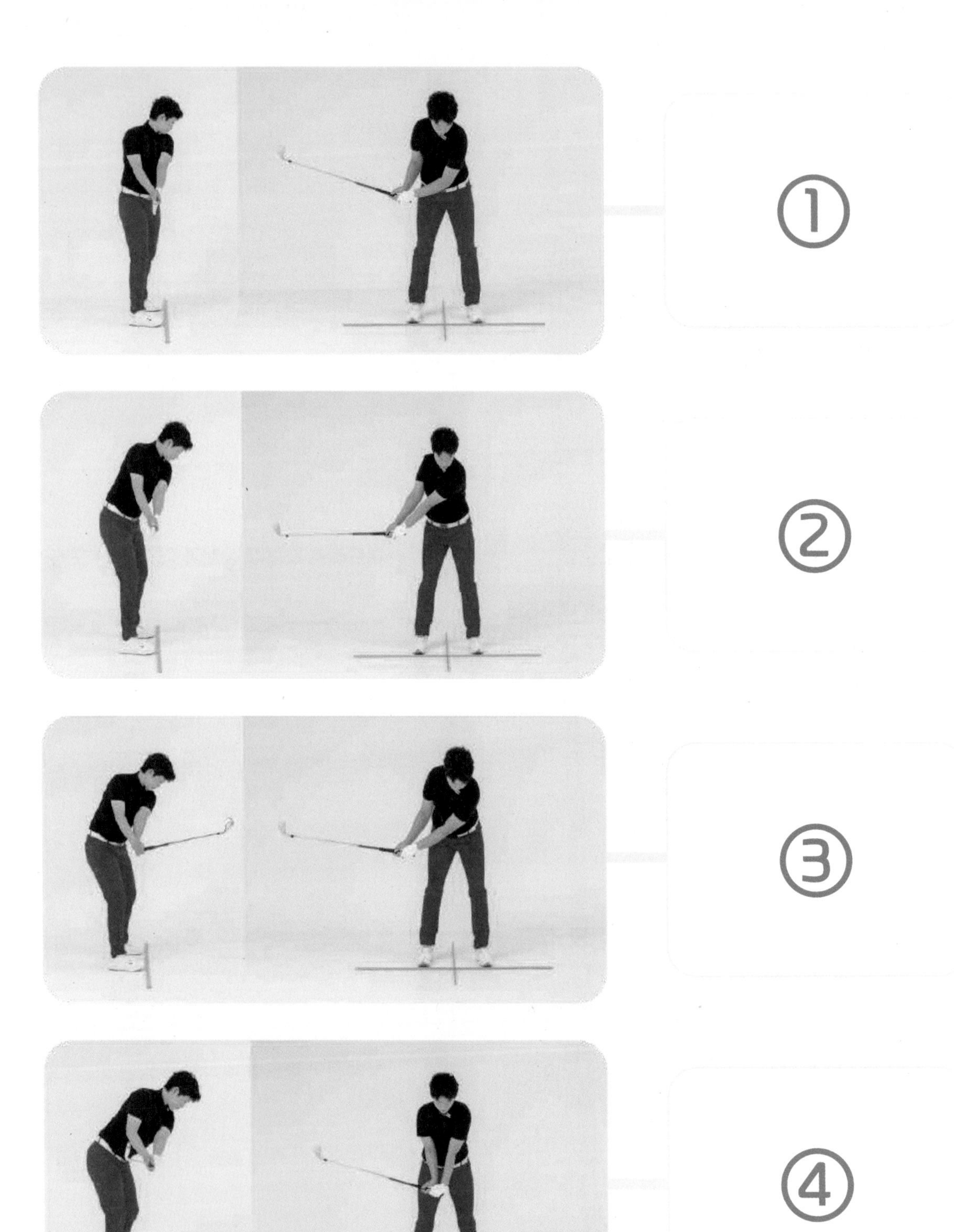

올바른 테이크어웨이 (Take away)를 한 사진에는 O를 바르지 않은 사진에는 X를 해보세요.

손과 헤드를 몸 앞으로
밀면서 들어 올린 모습

손과 헤드를 몸 쪽으로
당기며 들어 올린 모습

체중이 엉덩이 뒤쪽으로
쏠리며 들어 올린 모습

어드레스 그대로
회전하여 들어 올린 모습

올바른 테이크어웨이 (Take away)를 한 사진에는 O를 바르지 않은 사진에는 X를 해보세요.

어드레스그대로
회전하여 들어 올린 모습

왼팔을 구부리면서
들어 올린 모습

시선이 클럽 헤드를
향해 있는 모습

손목을 바로 꺾으며
들어 올린 모습

미로를 따라가 테이크어웨이 (Take away)에서의 올바른 헤드 위치를 알아보세요.

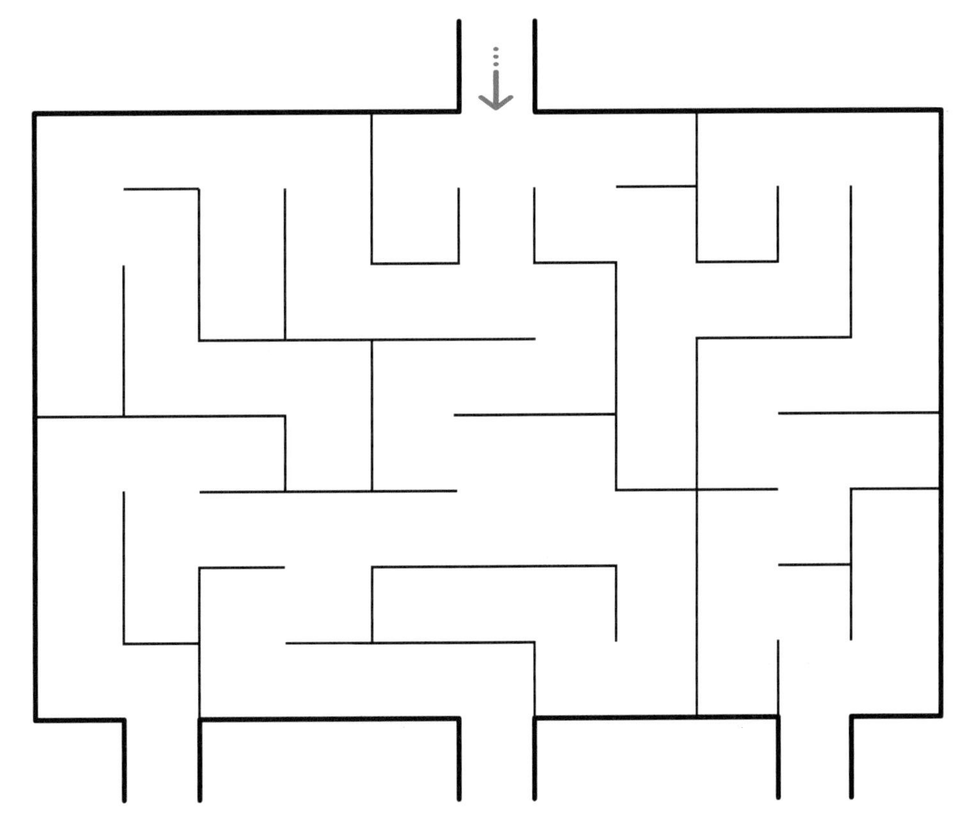

왼쪽 어깨가 따라가지 않고
팔만 들어 올린 모습

골프클럽 쪽으로
상체가 따라간 모습

어드레스 그대로
회전하여 올린 모습

미로를 따라가 테이크어웨이(Take away)에서의 올바른 헤드 위치를 알아보세요.

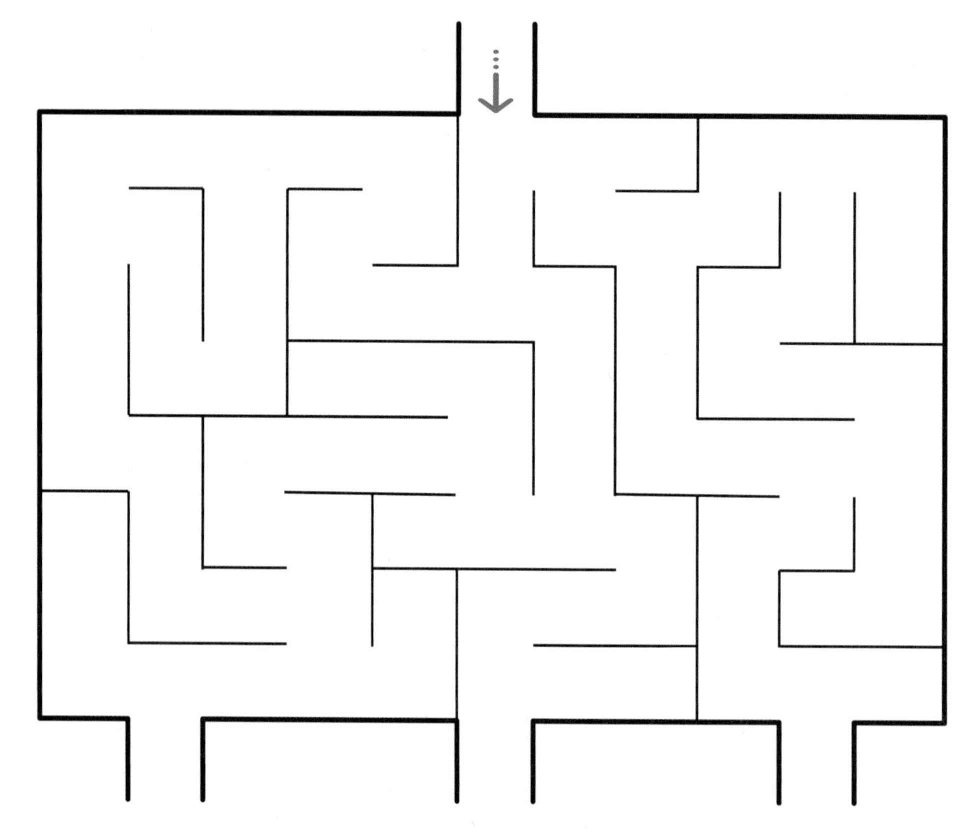

클럽헤드가 엉덩이 뒤쪽으로 빠지며 들리는 모습

클럽헤드가 스탠스와 같이 일자로 들리는 모습

클럽헤드가 스탠스보다 앞으로 들리는 모습

사다리를 타고 내려가 올바른 테이크어웨이 (Take away)
끼리 짝 지어진 곳에 (O) 를 아닌 곳에는 (X) 를 해보세요.

( ) ( ) ( )

색칠공부

그림을 색칠해 보세요.

06

스코어 계산 방법(1)

Par5

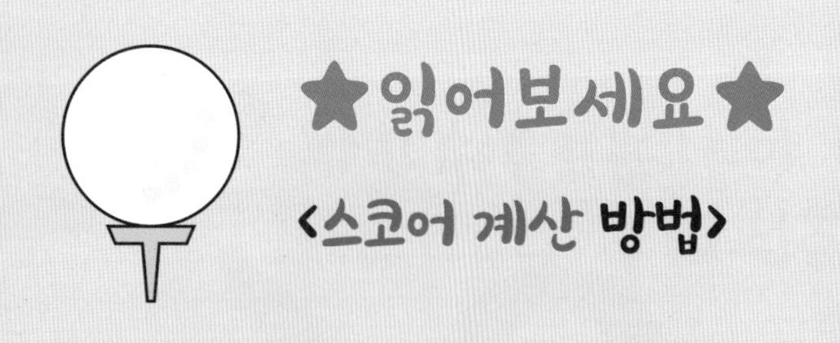

★읽어보세요★

<스코어 계산 방법>

PAR3라 하면 세 번 만에 홀인을 시켰을 때 PAR이다.

PAR3에서 4번 만에 홀인을 했다면 무엇을 했을까?

-3 = Albatross (알바트로스)	+4 = Quadruple bogey (쿼드러플보기)
-2 = Eagle (이글)	+3 = Triple bogey (트리플 보기)
-1 = Birdie (버디)	+2 = Double bogey (더블 보기)
0 = Par (파)	+1 = Bogey (보기)
+와 -를 잘 보고 스코어를 계산해보세요.	

골프에서 + 는 오버, - 는 언더라고 읽는다. 또한 +, - 가 앞에 있다고 하여 +, -부터 읽는 것이 아닌 숫자부터 영어로 읽어야 한다.

예를 들어 +1이라면 "오버 원"이 아닌 "원 오버"라고 읽는다.

PAR5에서 6번 만에 홀아웃을 했어요. 친 타수만큼 칸에 빗금을 그어주세요.

1 (-4)	2 (-3)	3 (-2)	4 (-1)	5 (0)	6 (+1)	7 (+2)	8 (+3)	9 (+4)	10 (+5)

아래의 빈칸에 알맞은 부호(+,-)와 숫자를 넣어보세요.

	(+,-)	(숫자)	
Par5	+	1	= 6

위의 문제를 풀고 PAR5에서 친 스코어에 동그라미를 그려주세요.

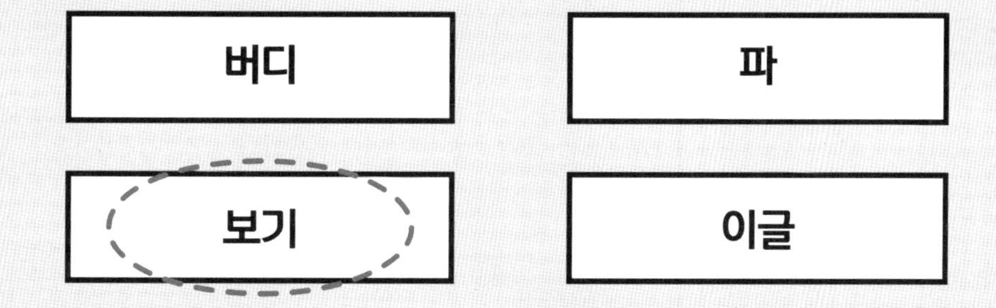

PAR5에서 3번 만에 홀아웃을 했어요. 친 타수만큼 칸에 빗금을 그어주세요.

1	2	3	4	5	6	7	8	9	10
(-4)	(-3)	(-2)	(-1)	(0)	(+1)	(+2)	(+3)	(+4)	(+5)

아래의 빈칸에 알맞은 부호(+,-)와 숫자를 넣어보세요.

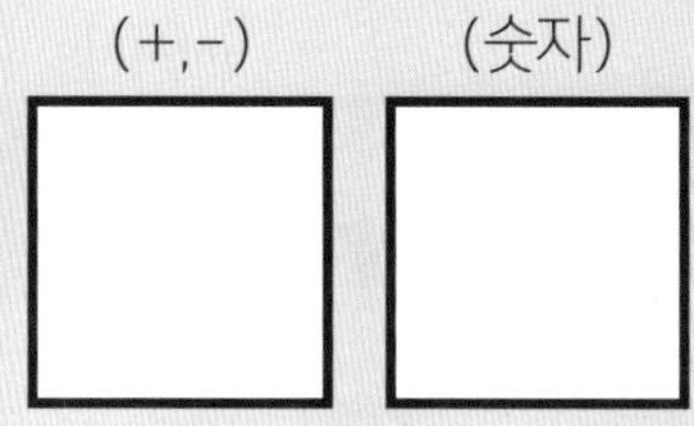

Par5 ☐ ☐ = 3

위의 문제를 풀고 PAR5에서 친 스코어에 동그라미를 그려주세요.

버디	보기
이글	더블보기

PAR4에서 5번 만에 홀아웃을 했어요. 친 타수만큼 칸에 빗금을 그어주세요.

1	2	3	4	5	6	7	8
(-3)	(-2)	(-1)	(0)	(+1)	(+2)	(+3)	(+4)

아래의 빈칸에 알맞은 부호(+,-)와 숫자를 넣어보세요.

Par4 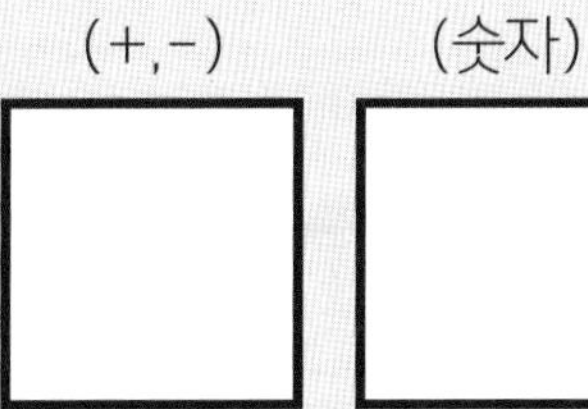 = 5

위의 문제를 풀고 PAR4에서 친 스코어에 동그라미를 그려주세요.

트리플보기	버디
파	보기

PAR5에서 7번 만에 홀아웃을 했어요. 친 타수만큼 칸에 빗금을 그어주세요.

1	2	3	4	5	6	7	8	9	10
(-4)	(-3)	(-2)	(-1)	(0)	(+1)	(+2)	(+3)	(+4)	(+5)

아래의 빈칸에 알맞은 부호(+,-)와 숫자를 넣어보세요.

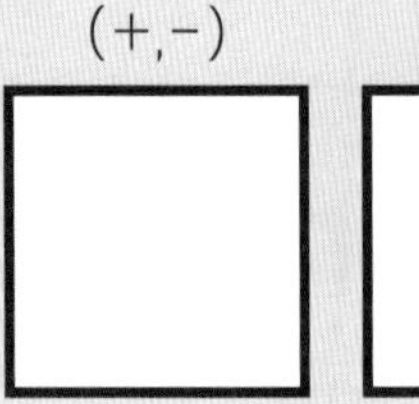

Par5	(+,-)	(숫자)	= 7
Par5			= 7

위의 문제를 풀고 PAR5에서 친 스코어에 동그라미를 그려주세요.

버디	파
보기	더블보기

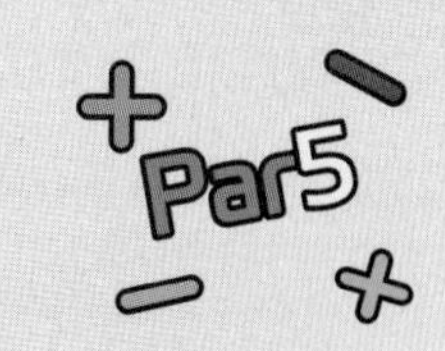

PAR4에서 2번 만에 홀아웃을 했어요. 친 타수만큼 칸에 빗금을 그어주세요.

1 (-3)	2 (-2)	3 (-1)	4 (0)	5 (+1)	6 (+2)	7 (+3)	8 (+4)

아래의 빈칸에 알맞은 부호(+,-)와 숫자를 넣어보세요.

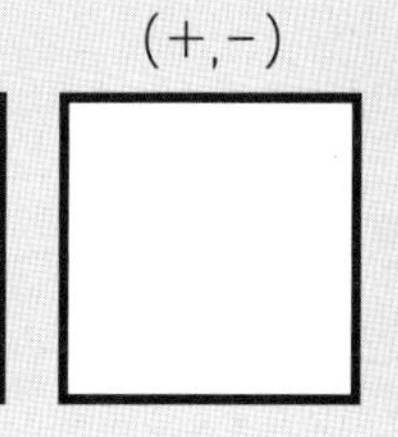

Par4 (+,-) [   ] (숫자) [   ] = 2

위의 문제를 풀고 PAR4에서 친 스코어에 동그라미를 그려주세요.

보기	이글
알바트로스	더블보기

PAR5에서 9번 만에 홀아웃을 했어요. 친 타수만큼 칸에 빗금을 그어주세요.

1	2	3	4	5	6	7	8	9	10
(-4)	(-3)	(-2)	(-1)	(0)	(+1)	(+2)	(+3)	(+4)	(+5)

아래의 빈칸에 알맞은 부호(+,-)와 숫자를 넣어보세요.

Par5

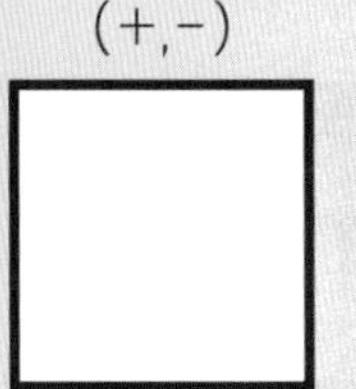

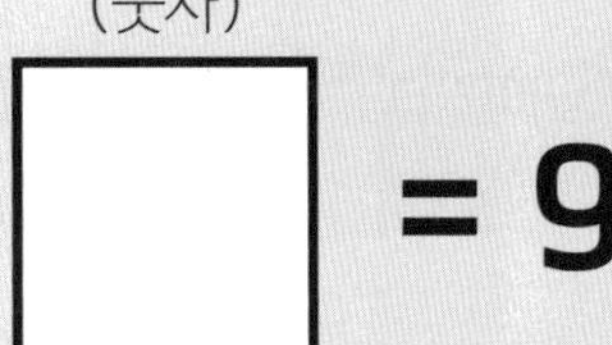

= 9

위의 문제를 풀고 PAR5에서 친 스코어에 동그라미를 그려주세요.

알바트로스	트리플보기
쿼드러플보기	더블보기

PAR5에서 2번 만에 홀아웃을 했어요. 친 타수만큼 칸에 빗금을 그어주세요.

1 (-4)	2 (-3)	3 (-2)	4 (-1)	5 (0)	6 (+1)	7 (+2)	8 (+3)	9 (+4)	10 (+5)

아래의 빈칸에 알맞은 부호(+,-)와 숫자를 넣어보세요.

Par5

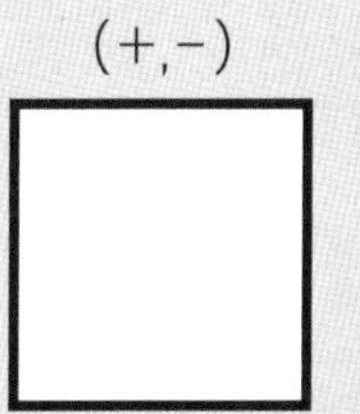

(숫자)

= 2

위의 문제를 풀고 PAR5에서 친 스코어에 동그라미를 그려주세요.

보기	이글
알바트로스	더블보기

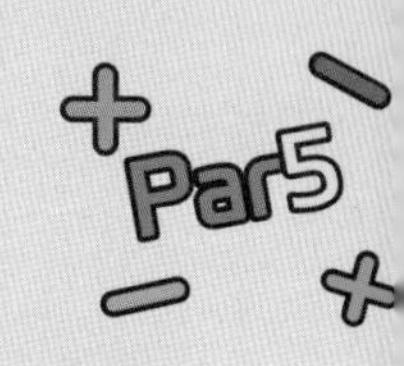

PAR5에서 4번 만에 홀아웃을 했어요. 친 타수만큼 칸에 빗금을 그어주세요.

1	2	3	4	5	6	7	8	9	10
(-4)	(-3)	(-2)	(-1)	(0)	(+1)	(+2)	(+3)	(+4)	(+5)

아래의 빈칸에 알맞은 부호(+,-)와 숫자를 넣어보세요.

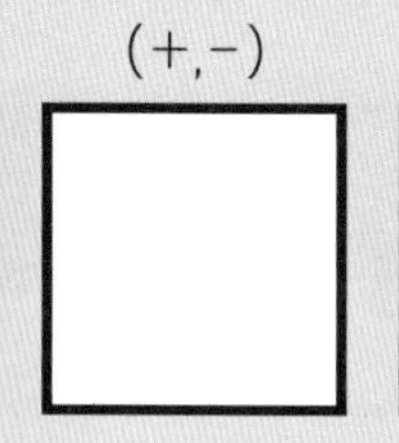

Par5	(+,-)	(숫자)	= 4
Par5			= 4

위의 문제를 풀고 PAR5에서 친 스코어에 동그라미를 그려주세요.

버디	보기
쿼드러플보기	파

PAR4에서 3번 만에 홀아웃을 했어요. 친 타수만큼 칸에 빗금을 그어주세요.

1	2	3	4	5	6	7	8
(−3)	(−2)	(−1)	(0)	(+1)	(+2)	(+3)	(+4)

아래의 빈칸에 알맞은 부호(+,−)와 숫자를 넣어보세요.

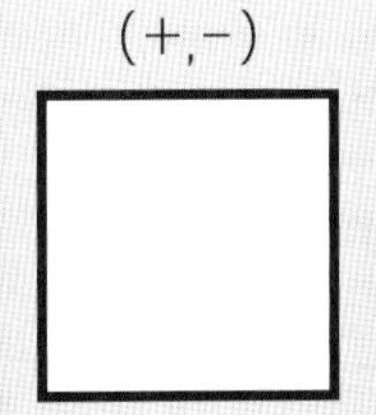

(+,−) (숫자)

Par4 [ ] [ ] = 3

위의 문제를 풀고 PAR4에서 친 스코어에 동그라미를 그려주세요.

보기	파
버디	더블보기

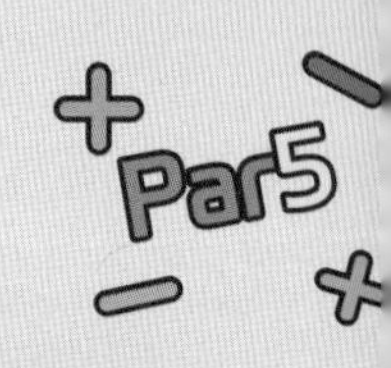

PAR5에서 5번 만에 홀아웃을 했어요. 친 타수만큼 칸에 빗금을 그어주세요.

1	2	3	4	5	6	7	8	9	10
(-4)	(-3)	(-2)	(-1)	(0)	(+1)	(+2)	(+3)	(+4)	(+5)

아래의 빈칸에 알맞은 부호(+,-)와 숫자를 넣어보세요.

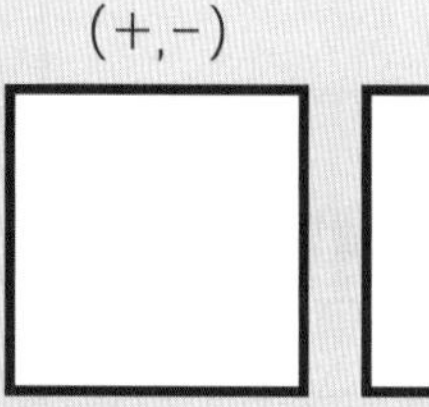

Par5	(+,-)	(숫자)	= 5

위의 문제를 풀고 PAR5에서 친 스코어에 동그라미를 그려주세요.

알바트로스	트리플보기
쿼드러플보기	파

PAR4에서 4번 만에 홀아웃을 했어요. 친 타수만큼 칸에 빗금을 그어주세요.

1	2	3	4	5	6	7	8
(-3)	(-2)	(-1)	(0)	(+1)	(+2)	(+3)	(+4)

아래의 빈칸에 알맞은 부호(+,-)와 숫자를 넣어보세요.

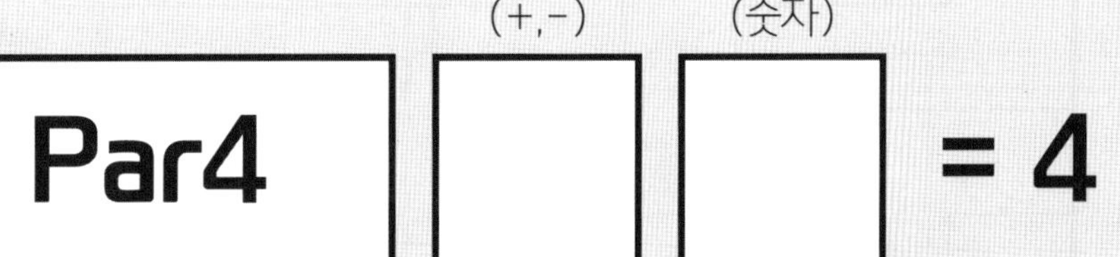

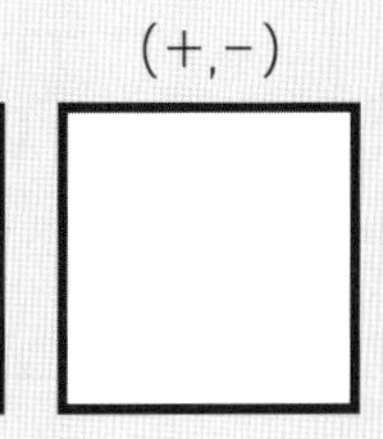

위의 문제를 풀고 PAR4에서 친 스코어에 동그라미를 그려주세요.

보기	파
버디	홀인원

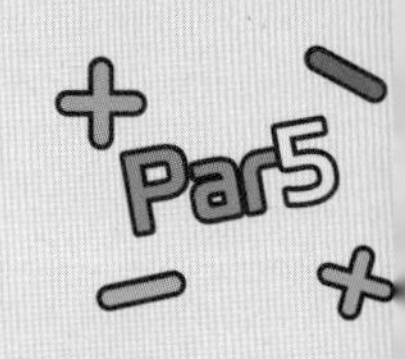

PAR5에서 8번 만에 홀아웃을 했어요. 친 타수만큼 칸에 빗금을 그어주세요.

1	2	3	4	5	6	7	8	9	10
(-4)	(-3)	(-2)	(-1)	(0)	(+1)	(+2)	(+3)	(+4)	(+5)

아래의 빈칸에 알맞은 부호(+,-)와 숫자를 넣어보세요.

Par5

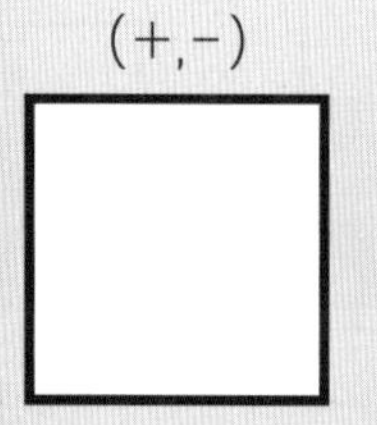

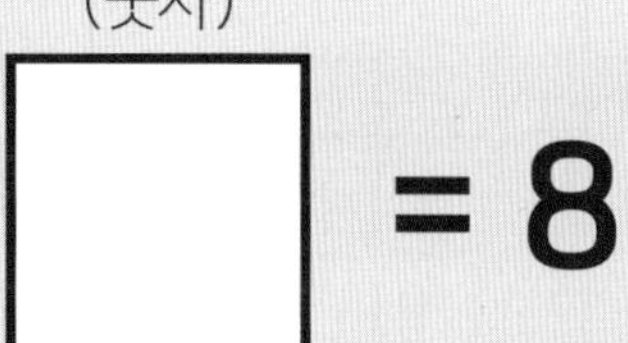

위의 문제를 풀고 PAR5에서 친 스코어에 동그라미를 그려주세요.

알바트로스	트리플보기
보기	더블보기

07

아이언 하프스윙

OX퀴즈.

바른 동작의 사진에는 O에 동그라미를
바르지 않은 동작의 사진에는 X에 동그라미를
해보세요.

왼쪽 팔이 구부러지면서
들어 올린 모습

왼팔이 일자로 펴지며
골프클럽과 ㄴ을 만든 모습

OX퀴즈.

바른 동작의 사진에는 O에 동그라미를
바르지 않은 동작의 사진에는 X에 동그라미를
해보세요.

어드레스 그대로 회전하여
들어 올린 모습

어드레스 때보다 몸이 들리며
일직선으로 서 있는 모습

<보기> 안에 사진을 보고 올바른 모습의 하프스윙 (Half swing)을 찾아 네모 안에 답을 적어보세요.

<보기>

손목이 펴지며 들어 올린 모습

㉡

머리가 원래의 위치보다 왼쪽으로 누운 모습

어드레스 그대로
왼팔이 펴진 상태로 회전한 모습

시선이 클럽헤드를 바라보고 있는 모습

<보기> 안에 사진을 보고 올바른 모습의 하프스윙 (Half swing)을 찾아 네모 안에 답을 적어보세요.

<보기>

㉠

몸이 전체적으로 주저앉으며 회전한 모습

㉡

어드레스 그대로 회전한 모습

㉢

클럽의 샤프트가 몸 뒤쪽으로 늘어진 모습

㉣

체중이 엉덩이 쪽으로 쏠리는 모습

<보기> 보고 올바른 하프스윙 (Half swing)끼리 짝지어진 사진을 찾아 (✔)해보세요.

올바른 하프스윙 (Half swing)을 한 사진에는 O를 바르지 않은 사진에는 X를 해보세요.

어드레스보다 몸이
들리며 들어 올린 모습

어깨의 회전 없이
손으로만 들어 올린 모습

머리가 클럽헤드를
따라가며 들어 올린 모습

어드레스 그대로
회전하여 들어 올린 모습

올바른 하프스윙 (Half swing)을 한 사진에는 O를 바르지 않은 사진에는 X를 해보세요.

어드레스 그대로
회전하여 들어 올린 모습

시선이 골프클럽을
향해 보고 있는 모습

몸이 전체적으로 주저
앉으며 들어 올린 모습

어드레스보다 몸이
들리며 들어 올린 모습

미로를 따라가 하프스윙 (Half swing)에서의 올바른 샤프트의 기울기를 알아보세요.

샤프트가 엉덩이 뒤쪽으로 빠지며 뉘어서 들리는 모습

샤프트가 손의 위치보다 몸의 앞쪽으로 기울어진 모습

어드레스 그대로 회전하여 들어 올린 모습

미로를 따라가 하프스윙 (Half swing)에서의 올바른 손의 위치를 알아보세요.

손이 가슴 가운데에
있는 모습

손이 몸의 뒤로
빠져서 있는 모습

손이 몸의 앞으로
빠져서 있는 모습

하프스윙 (Half swing) 하였을 때 손 또는 팔의 모양이 올바른 모습을 찾아 웃는 헤드에게 바르지 않은 모습은 우는 헤드에 선을 그어 연결해 보세요.

사다리를 타고 내려가 올바른 하프스윙 (Half swing)끼리 짝 지어진 곳에 (O)를 아닌 곳에는 (X)를 해보세요.

( ) ( ) ( )

올바른 하프스윙 (Half swing)끼리 짝 지어질 수 있도록
2개 이상의 선을 그어 사다리를 완성시켜 보세요.

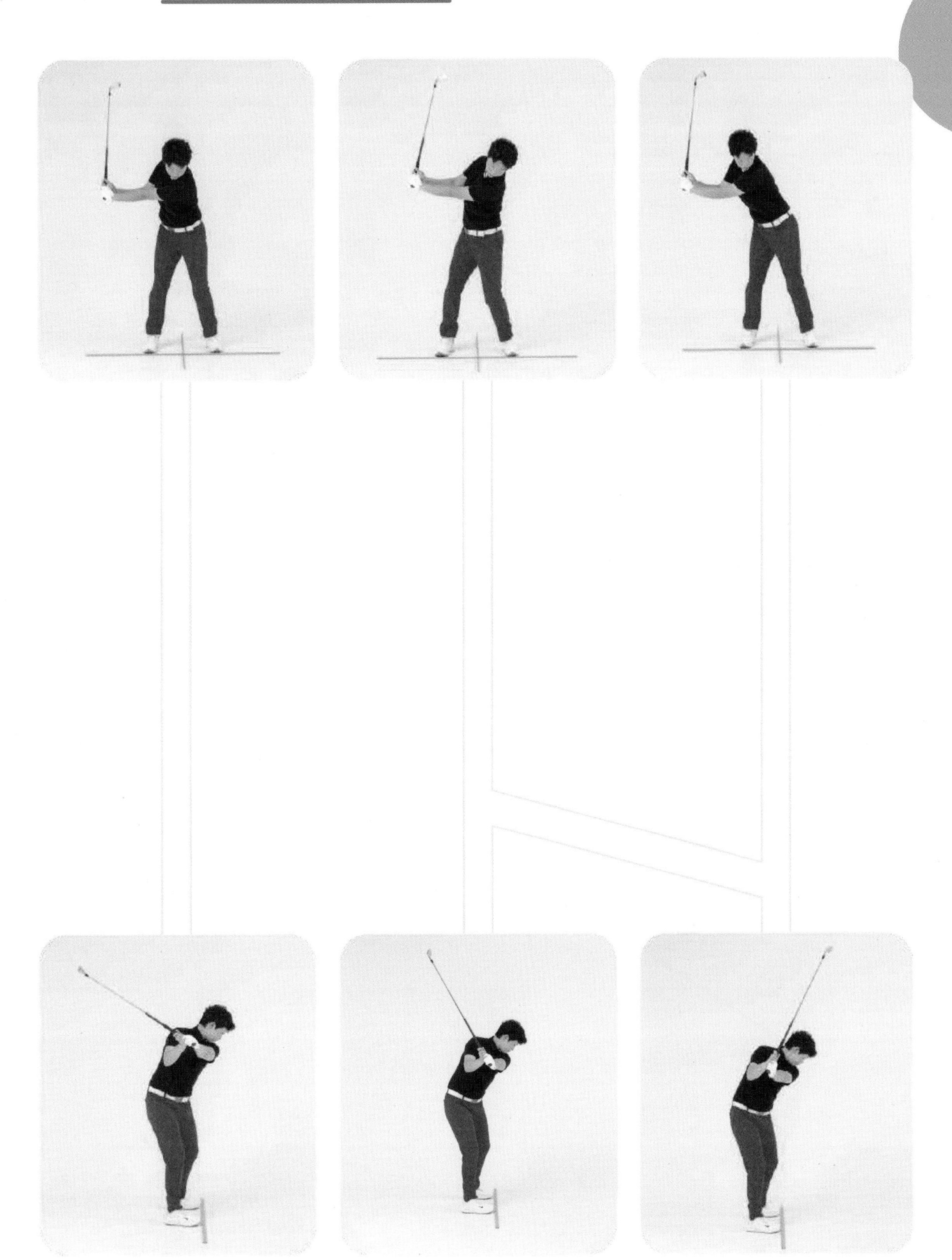

색칠공부

그림을 색칠해 보세요.

08

스코어 계산 방법(2)

Par5

PAR3에서 4번 만에 홀아웃을 했어요. 친 타수만큼 칸에 빗금을 그어주세요.

1 (-2)	2 (-1)	3 (0)	4 (+1)	5 (+2)	6 (+3)

아래의 빈칸에 알맞은 부호(+,-)와 숫자를 넣어보세요.

(+,-) (숫자)

Par3 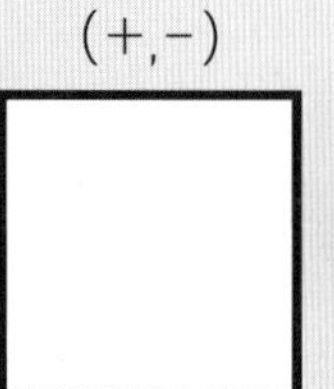 □ = 4

위의 문제를 풀고 PAR3에서 친 스코어에 동그라미를 그려주세요.

이글	보기
버디	더블보기

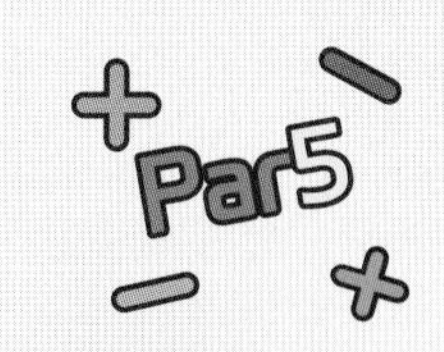

PAR4에서 8번 만에 홀아웃을 했어요. 친 타수만큼 칸에 빗금을 그어주세요.

1	2	3	4	5	6	7	8
(-3)	(-2)	(-1)	(0)	(+1)	(+2)	(+3)	(+4)

아래의 빈칸에 알맞은 부호(+,-)와 숫자를 넣어보세요.

(+,-) (숫자)

Par4 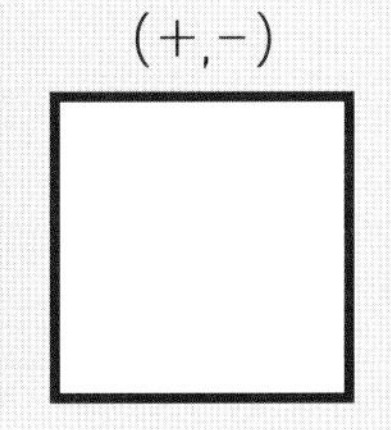 ☐ = 8

위의 문제를 풀고 PAR4에서 친 스코어에 동그라미를 그려주세요.

트리플보기	알바트로스
더블파	쿼드러플보기

PAR3에서 2번 만에 홀아웃을 했어요. 친 타수만큼 칸에 빗금을 그어주세요.

1	2	3	4	5	6
(-2)	(-1)	(0)	(+1)	(+2)	(+3)

아래의 빈칸에 알맞은 부호(+,-)와 숫자를 넣어보세요.

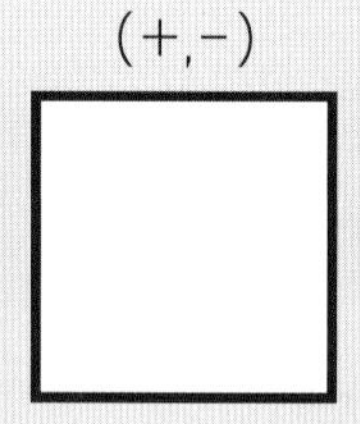

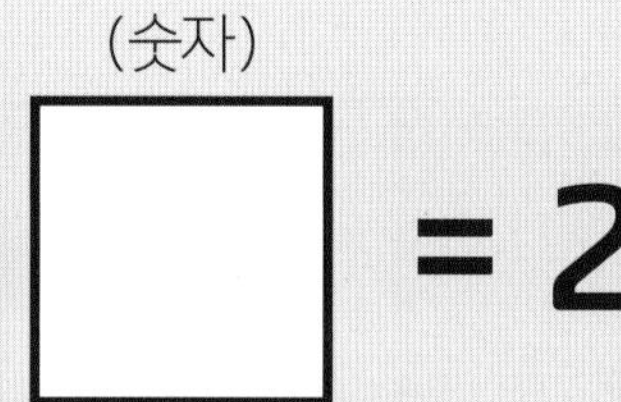

Par3 □ □ = 2

위의 문제를 풀고 PAR3에서 친 스코어에 동그라미를 그려주세요.

보기	더블보기
파	버디

PAR3에서 5번 만에 홀아웃을 했어요. 친 타수만큼 칸에 빗금을 그어주세요.

1	2	3	4	5	6
(-2)	(-1)	(0)	(+1)	(+2)	(+3)

아래의 빈칸에 알맞은 부호(+,-)와 숫자를 넣어보세요.

(+,-) (숫자)

Par3 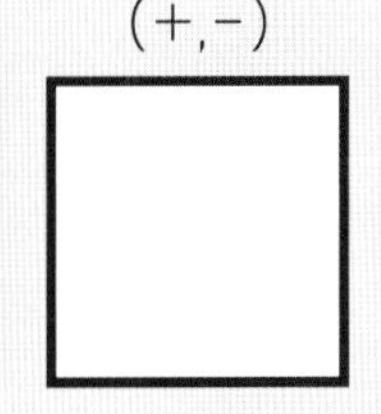 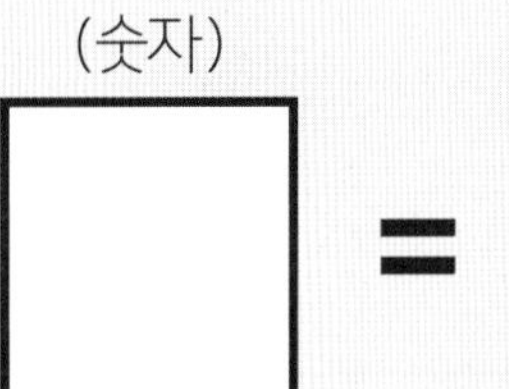 = 5

위의 문제를 풀고 PAR3에서 친 스코어에 동그라미를 그려주세요.

이글	더블파
알바트로스	더블보기

PAR4에서 6번 만에 홀아웃을 했어요. 친 타수만큼 칸에 빗금을 그어주세요.

1	2	3	4	5	6	7	8
(-3)	(-2)	(-1)	(0)	(+1)	(+2)	(+3)	(+4)

아래의 빈칸에 알맞은 부호(+,-)와 숫자를 넣어보세요.

(+,-) (숫자)

Par4 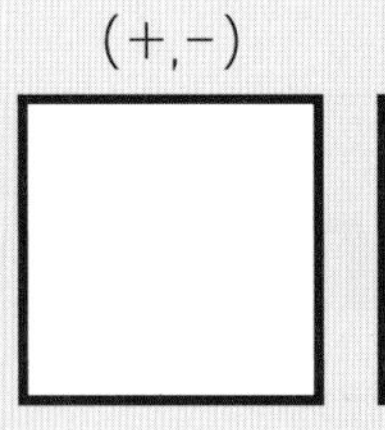 = 6

위의 문제를 풀고 PAR4에서 친 스코어에 동그라미를 그려주세요.

트리플보기	더블보기
파	버디

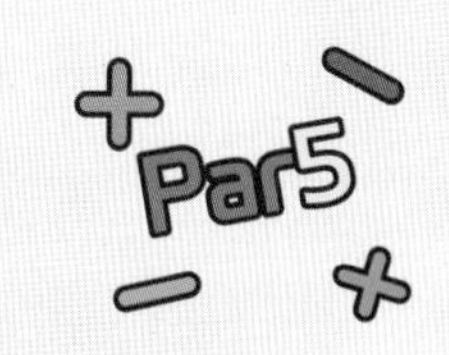

PAR3에서 6번 만에 홀아웃을 했어요. 친 타수만큼 칸에 빗금을 그어주세요.

1	2	3	4	5	6
(-2)	(-1)	(0)	(+1)	(+2)	(+3)

아래의 빈칸에 알맞은 부호(+,-)와 숫자를 넣어보세요.

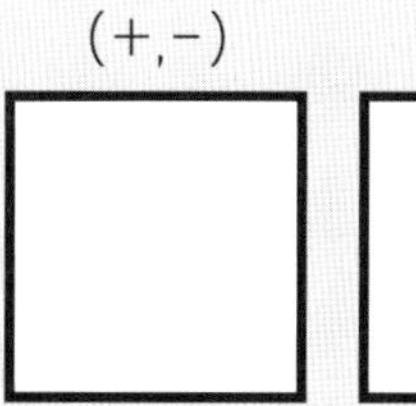

Par3	(+,-)	(숫자)	= 6

위의 문제를 풀고 PAR3에서 친 스코어에 동그라미를 그려주세요.

트리플보기	알바트로스
더블파	더블보기

PAR3에서 1번 만에 홀아웃을 했어요. 친 타수만큼 칸에 빗금을 그어주세요.

1	2	3	4	5	6
(-2)	(-1)	(0)	(+1)	(+2)	(+3)

아래의 빈칸에 알맞은 부호(+,-)와 숫자를 넣어보세요.

	(+,-)	(숫자)	
Par3			= 1

위의 문제를 풀고 PAR3에서 친 스코어에 동그라미를 그려주세요.

알파트로스	이글
파	버디

PAR4에서 7번 만에 홀아웃을 했어요. 친 타수만큼 칸에 빗금을 그어주세요.

1	2	3	4	5	6	7	8
(-3)	(-2)	(-1)	(0)	(+1)	(+2)	(+3)	(+4)

아래의 빈칸에 알맞은 부호(+,-)와 숫자를 넣어보세요.

(+,-) (숫자)

Par4 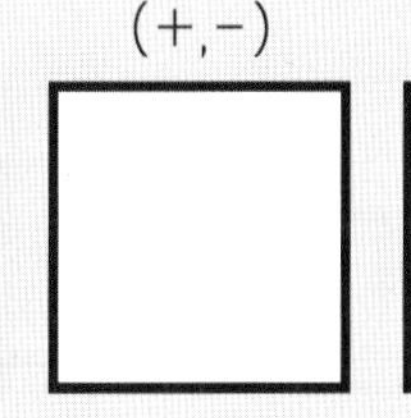 ☐ = 7

위의 문제를 풀고 PAR4에서 친 스코어에 동그라미를 그려주세요.

파	알바트로스
트리플보기	더블보기

PAR3에서 3번 만에 홀아웃을 했어요. 친 타수만큼 칸에 빗금을 그어주세요.

1	2	3	4	5	6
(-2)	(-1)	(0)	(+1)	(+2)	(+3)

아래의 빈칸에 알맞은 부호(+,-)와 숫자를 넣어보세요.

Par3

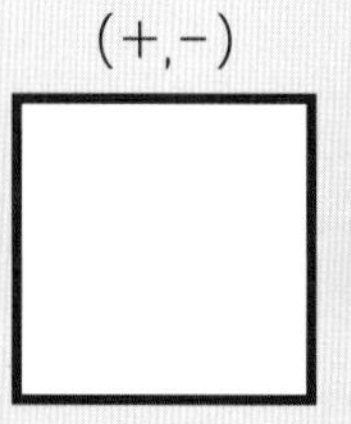

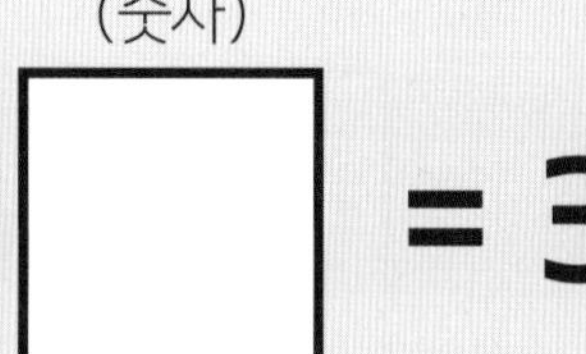

= 3

위의 문제를 풀고 PAR3에서 친 스코어에 동그라미를 그려주세요.

파	보기
더블버디	버디

09

아이언 백스윙탑

OX퀴즈.

바른 동작의 사진에는 O에 동그라미를
바르지 않은 동작의 사진에는 X에 동그라미를
해보세요.

어드레스 그대로 회전하며
들어 올린 모습

상체가 뒤집어지며
들어 올린 모습

OX퀴즈.

바른 동작의 사진에는 O에 동그라미를
바르지 않은 동작의 사진에는 X에 동그라미를
해보세요.

골프클럽을 바라보면서
들어 올린 모습

어드레스 그대로 회전하여
들어 올린 모습

OX퀴즈.

백스윙 탑 (Backswing)을 하였을 때 몸의 중심(체중)이 중앙에 있는 사진에는 O에 동그라미를 그렇지 않은 사진에는 X에 동그라미를 해보세요.

중심(체중)이 앞으로 쏠려있는 모습

중심(체중)이 몸의 뒤쪽으로 쏠려있는 모습

중심(체중)이 몸의 가운데에 있는 모습

<보기> 안에 사진을 보고 올바른 모습의 백스윙 탑 (Backswing top)을 찾아 네모 안에 답을 적어보세요.

<보기>

상체가 오른쪽으로 기울어지며
들어 올린 모습

어드레스보다 몸이 일자로
펴지며 들어 올린 모습

어드레스보다 상체가 앞으로
숙여지며 들어 올린 모습

어드레스 그대로
왼팔이 펴진 상태로 회전한 모습

<보기> 안에 사진을 보고 올바른 모습의 백스윙 탑 (Backswing top)을 찾아 네모 안에 답을 적어보세요.

<보기>

골프클럽의 헤드가 머리보다
앞으로 떨어지며 들어 올린 모습

어드레스 그대로
왼팔이 펴진 상태로 회전한 모습

양팔이 구부러지며
들어 올린 모습

골프클럽을 바라보면서
들어 올린 모습

<보기>를 보고 올바른 백스윙 탑(Backswing)끼리 짝지어진 사진을 찾아 (✔)해보세요.

①

②

③

④

올바른 백스윙 탑 (Backswing)을 한 사진에는 O를
바르지 않은 사진에는 X를 해보세요.

손목을 피며
팔로 들어 올린 모습

어드레스 그대로
회전하여 들어올린 모습

양팔을 구부리며
팔로 들어 올린 모습

손목을 과하게 꺾어 헤드가
머리보다 낮아진 모습

올바른 백스윙 탑 (Backswing)을 한 사진에는 O를
바르지 않은 사진에는 X를 해보세요.

어드레스 그대로
회전하여 들어 올린 모습

골프클럽의 헤드가 머리보다
앞쪽으로 나가 있는 모습

골프클럽을 보며 머리가
따라가며 들어 올린 모습

어깨의 회전 없이
손으로만 들어 올린 모습

미로를 따라가 백스윙 탑 (Backswing)에서의 올바른 헤드의 위치를 알아보세요.

헤드가 머리보다 앞으로
나가 있는 모습

헤드가 목표방향을
향하여 있는 모습

헤드가 손의 위치보다
바닥으로 떨어져 있는 모습

미로를 따라가 백스윙 탑 (Backswing)에서의 올바른 팔의 모습을 알아보세요.

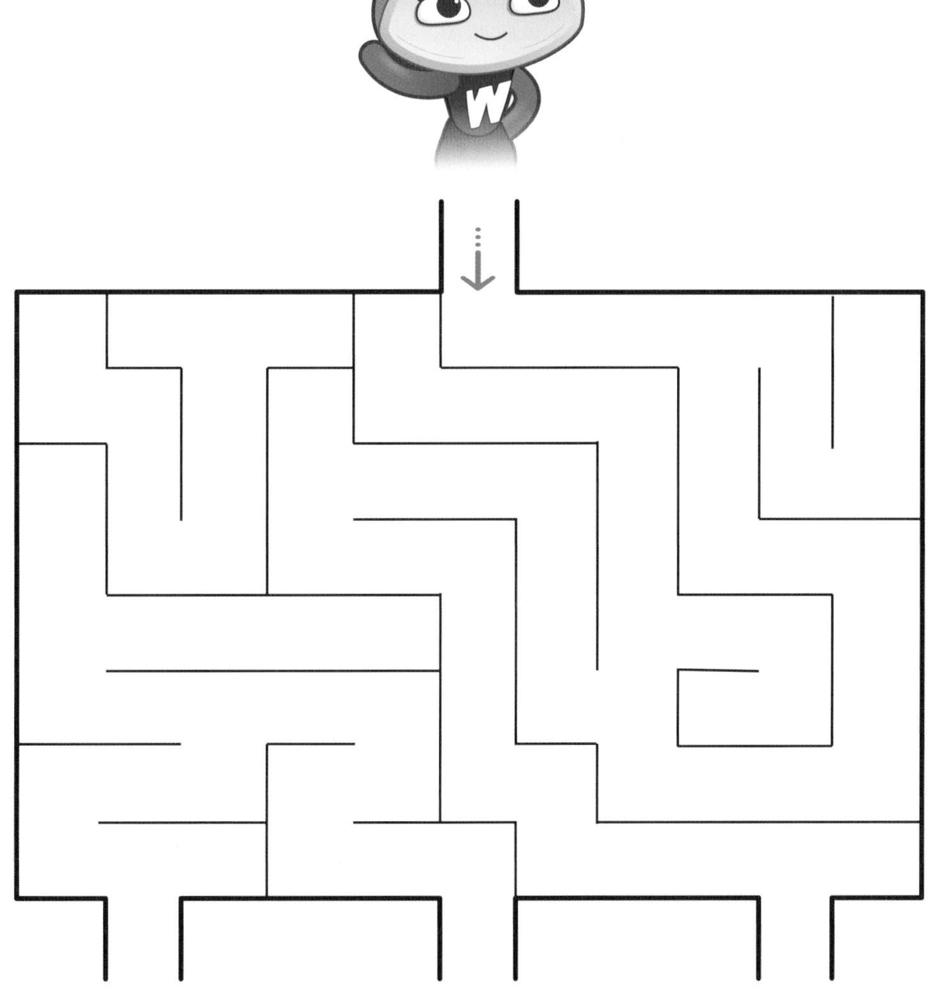

양팔 모두 구부러지며
들어 올린 모습

오른쪽 팔꿈치가 당겨지며
들어 올린 모습

왼팔이 일자로 곧게 펴진 상태
그대로 들어 올린 모습

백스윙 탑 (Backswing)하였을 때 손 또는 팔의 모양이 올바른 모습을 찾아 웃는 헤드에게 바르지 않은 모습은 우는 헤드에 선을 그어 연결해 보세요.

올바른 백스윙 탑 (Backswing)끼리 짝지어질 수 있도록
2개 이상의 선을 그어 사다리를 완성 시켜보세요.

백스윙 탑 (Backswing)을 하였을 때 앞에서 본 올바른 머리의 위치를 찾아 선을 그어 따라가 보세요.

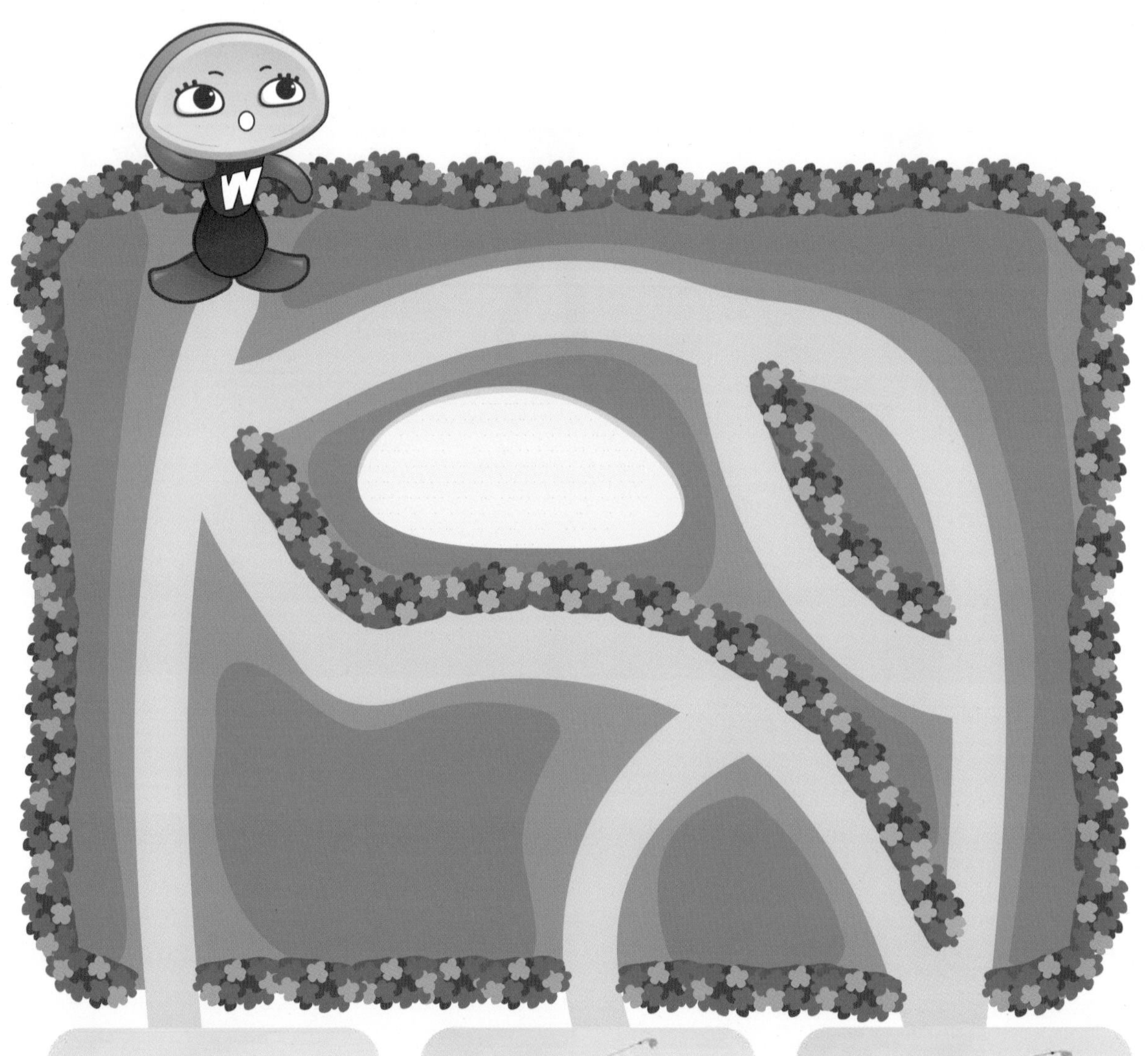

몸이 뒤집어지며 머리가
왼쪽으로 기울어져 있는 모습

백스윙을 할 때 머리가 따라가며
오른쪽으로 기울어져 있는 모습

어드레스 때의 머리 위치
그대로 유지되어 있는 모습

10

스코어 찾기

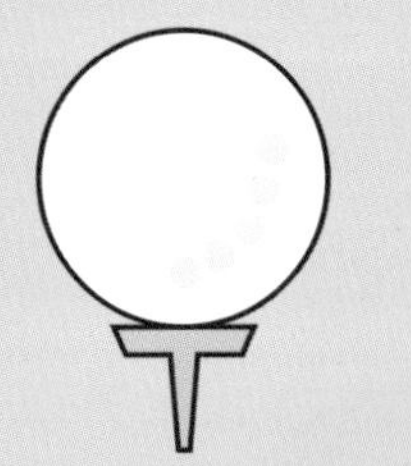

★읽어보세요★

명칭	영어 명칭	스코어
알바트로스	Albatross	-3
이글	Eagle	-2
버디	Birdie	-1
파	Par	0
보기	Bogey	+1
더블보기	Double bogey	+2
트리플보기	Triple bogey	+3
쿼드러플보기	Quadruple bogey	+4
* 더블 파(Double Par)는 각 홀 타수의 2배이다. 예) 파3은 6번 쳤을 때 더블 파라고 한다.		
* 홀인원(Hole in one)은 한 번의 샷으로 홀에 넣었을 때 쓰는 명칭이다.		

<보기>를 보고 문제를 풀어보세요.

<보기>

명칭	알바트로스	이글	버디	파	보기	더블 보기	트리플 보기	쿼드러플 보기
스코어	-3	-2	-1	0	+1	+2	+3	+4

<이렇게 해봐요>

보기(Bogey)에 동그라미를 그려보세요.

3	-	2
+	1	-
5	-	4

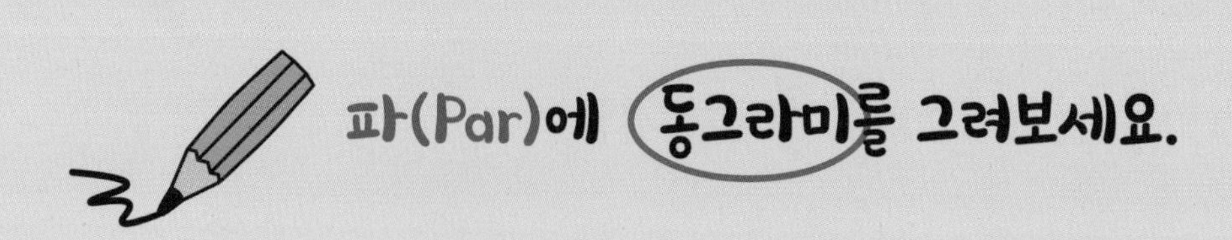

0	-	2
+	1	+
5	-	4

트리플 보기(Triple bogey)에 동그라미를 그려보세요.

1	-	2
+	3	-
5	-	4

알바트로스(Albatross)에 동그라미를 그려보세요.

2	-	4
+	1	+
5	-	3

더블 보기(Double bogey)에 동그라미를 그려보세요.

1	-	4
+	3	-
5	+	2

쿼드러플 보기(Quadruple bogey)에 동그라미를 그려보세요.

1	+	4
+	3	-
5	-	2

파3에서 더블 파(Double par)를 했을 때의 스코어에 동그라미를 그려보세요.

5	-	2
+	6	+
3	-	4

파4에서 더블 파(Double par)를 했을 때의 스코어에 동그라미를 그려보세요.

3	-	10
+	6	+
8	-	4

파5에서 더블 파(Double par)를 했을 때의 스코어에 동그라미를 그려보세요.

6	+	10
-	5	+
9	-	8

BINGO. 친구와 함께 빙고를 해봐요!

보기	홀인원	버디
이글	알바트로스	더블보기
트리플보기	쿼드러플보기	파

(절취선)

알바트로스	파	트리플보기
이글	보기	쿼드러플보기
버디	더블보기	홀인원

11

아이언 임팩트

OX퀴즈.

바른 동작의 사진에는 O에 동그라미를
바르지 않은 동작의 사진에는 X에 동그라미를
해보세요.

공을 보지 않고 목표 방향을
보며 공을 맞히는 모습

공을 끝까지 바라보며
공을 맞히는 모습

OX퀴즈.

바른 동작의 사진에는 O에 동그라미를
바르지 않은 동작의 사진에는 X에 동그라미를
해보세요.

어드레스 그대로
회전하며 공을 맞히는 모습

O X

몸이 일직선으로 펴지며
공을 맞히는 모습

O X

OX퀴즈.

임팩트 (Impact)를 하였을 때 올바른 손 또는 팔의 모습에는 O에 동그라미를 잘못된 손 또는 팔의 모습에는 X에 동그라미를 해보세요.

왼팔이 곧게 펴져있으며
클럽과 일직선인 모습

손목을 돌려서 헤드가 손보다
먼저 앞으로 나가는 모습

왼팔이 구부러지고 당겨지는 모습

<보기> 안에 사진을 보고 올바른 모습의 임팩트 (Impact)를 찾아 네모 안에 답을 적어보세요.

<보기>

㉠

머리가 숙여지면서
공을 맞히는 모습

㉡

상체가 오른쪽으로 기울어지며
공을 맞히는 모습

㉢

손보다 헤드가 먼저 지나가며
공을 맞히는 모습

㉣

어드레스 그대로
회전하여 공을 맞히는 모습

<보기> 안에 사진을 보고 올바른 모습의 임팩트 (Impact)를 찾아 네모 안에 답을 적어보세요.

<보기>

㉠

배가 앞으로 나오며
공을 맞히는 모습

㉡

체중이 앞으로 쏠리며
공을 맞히는 모습

㉢

어드레스 그대로
회전하며 공을 맞히는 모습

㉣

어깨가 움츠러들면서
공을 맞히는 모습

<보기>를 보고 올바른 임팩트(Impact)끼리 짝지어진 사진을 찾아 (✔)해보세요.

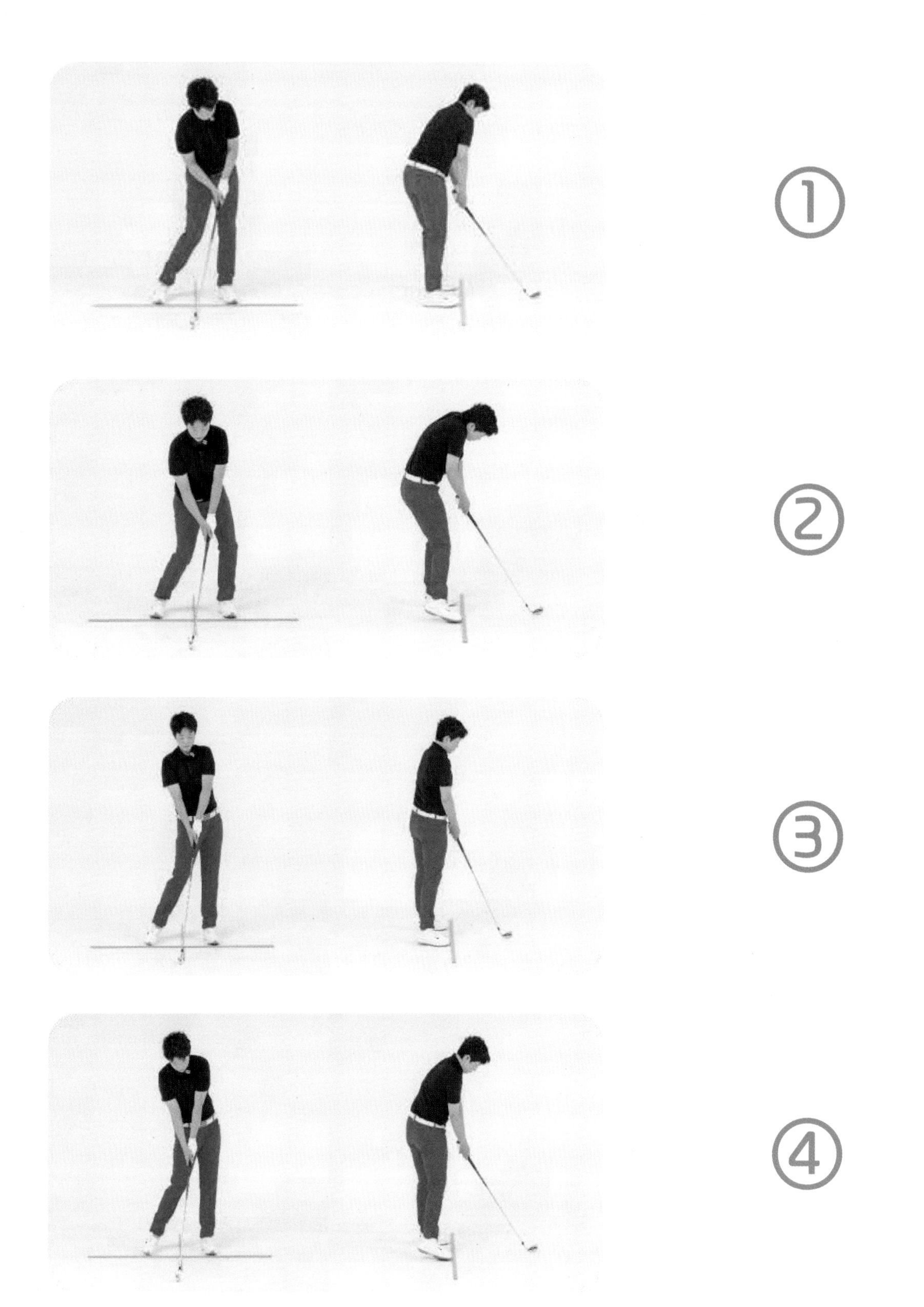

①

②

③

④

올바른 임팩트 (Impact)를 한 사진에는 O를 바르지 않은 사진에는 X를 해보세요.

머리가 오른쪽으로 기울어지며 공을 맞히는 모습

어드레스그대로 회전하며 공을 맞히는 모습

상체가 왼쪽으로 덮이며 공을 맞히는 모습

왼팔이 구부러지면서 공을 맞히는 모습

올바른 임팩트 (Impact)를 한 사진에는 O를
바르지 않은 사진에는 X를 해보세요.

어드레스 그대로
회전하며 공을 맞히는 모습

엉덩이가 오른발 쪽으로
빠져있는 모습

오른쪽 어깨로
덮어 치는 모습

배가 앞으로 나오며
공을 맞히는 모습

미로를 따라가 임팩트 (Impact)에서의 올바른 헤드의 위치를 알아보세요.

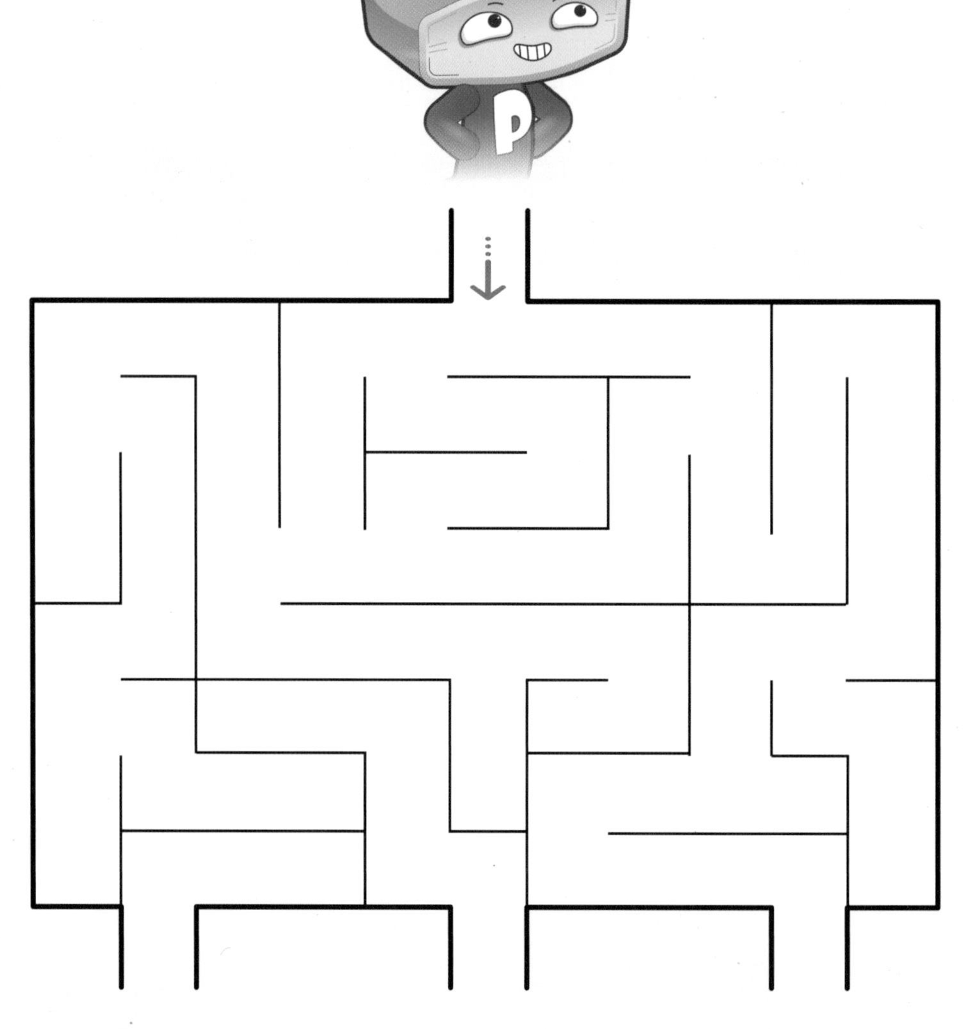

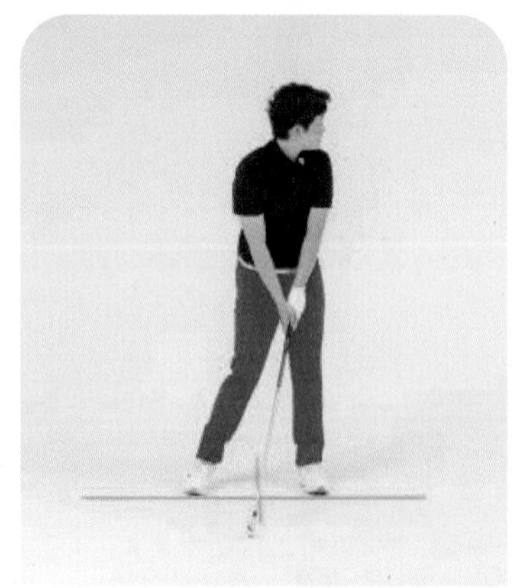

공을 보지 않고 목표 방향을 보며 공을 맞히는 모습

머리가 숙여지면서 공을 맞히는 모습

공을 끝까지 바라보며 공을 맞히는 모습

미로를 따라가 임팩트 (Impact)에서의 올바른 팔의 위치를 알아보세요.

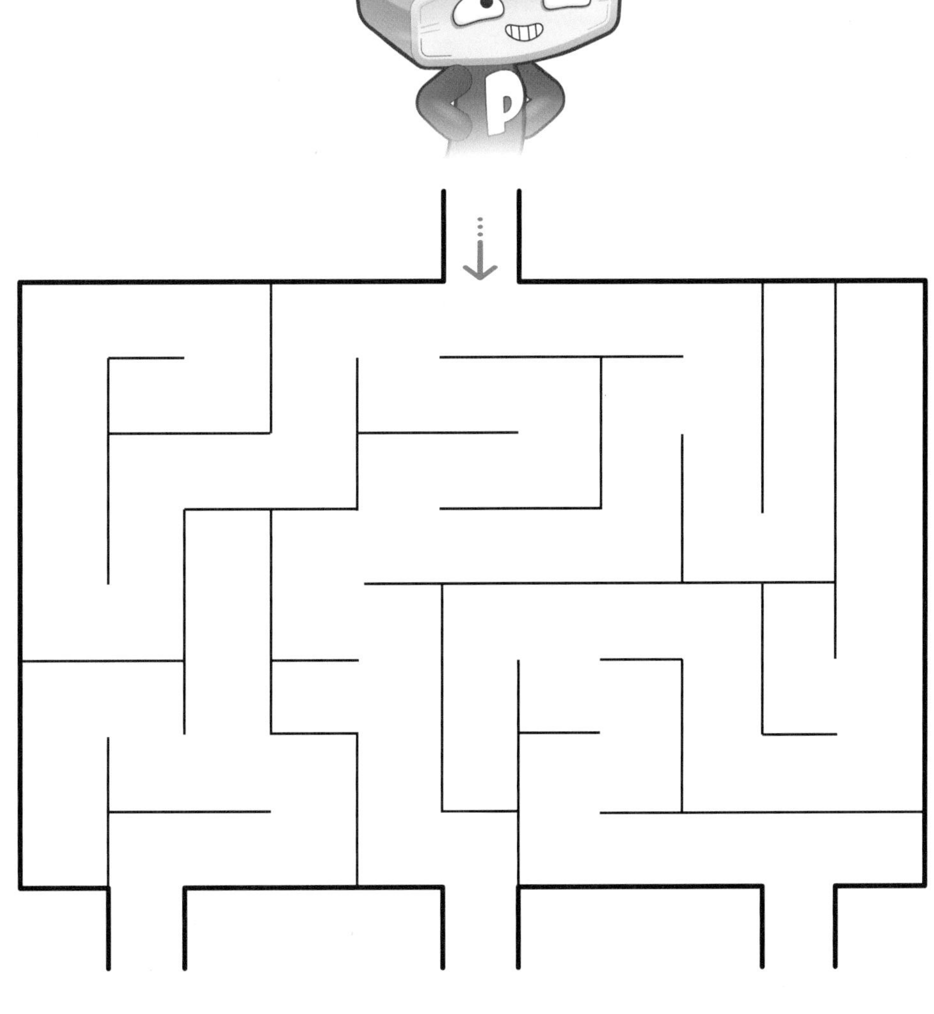

엉덩이가 앞으로 나오며
공을 맞히는 모습

어드레스 그대로
회전하며 공을 맞히는 모습

체중이 앞으로 쏠리며
공을 맞히는 모습

임팩트 (Impact)를 하였을 때 하체의 올바른 모습을 찾아 웃는 헤드에게 바르지 않은 모습은 우는 헤드에 선을 그어 연결해 보세요.

사다리를 타고 내려가 올바른 임팩트(Impact)끼리 짝지어진 곳에 (O)를 아닌 곳에는 (X)를 해보세요.

( ) ( ) ( )

올바른 임팩트(Impact)끼리 짝지어질 수 있도록 2개 이상의 선을 그어 사다리를 완성 시켜보세요.

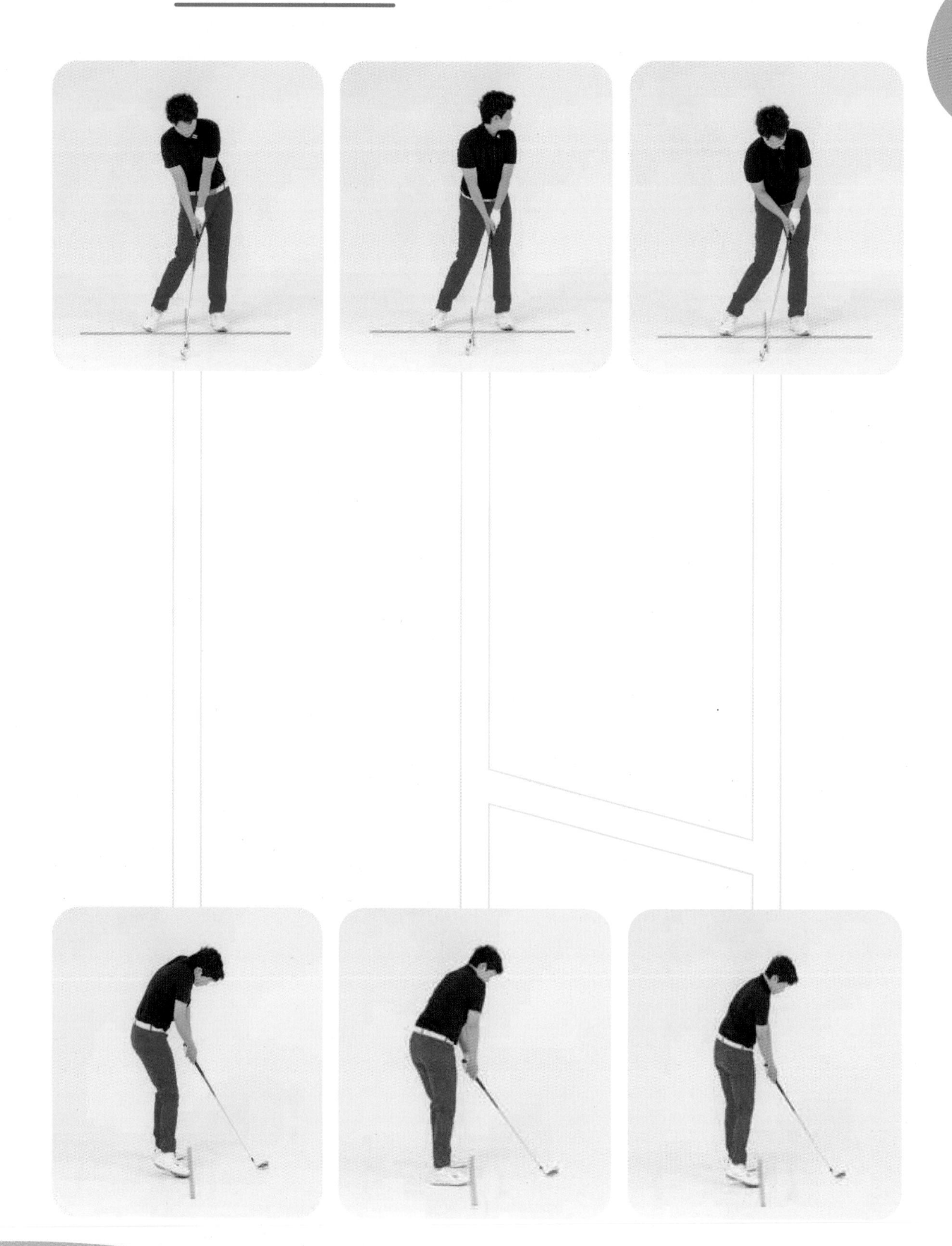

임팩트 (Impact)를 하였을 때 앞에서 본 올바른 머리의 위치를 찾아 선을 그어 따라가 보세요.

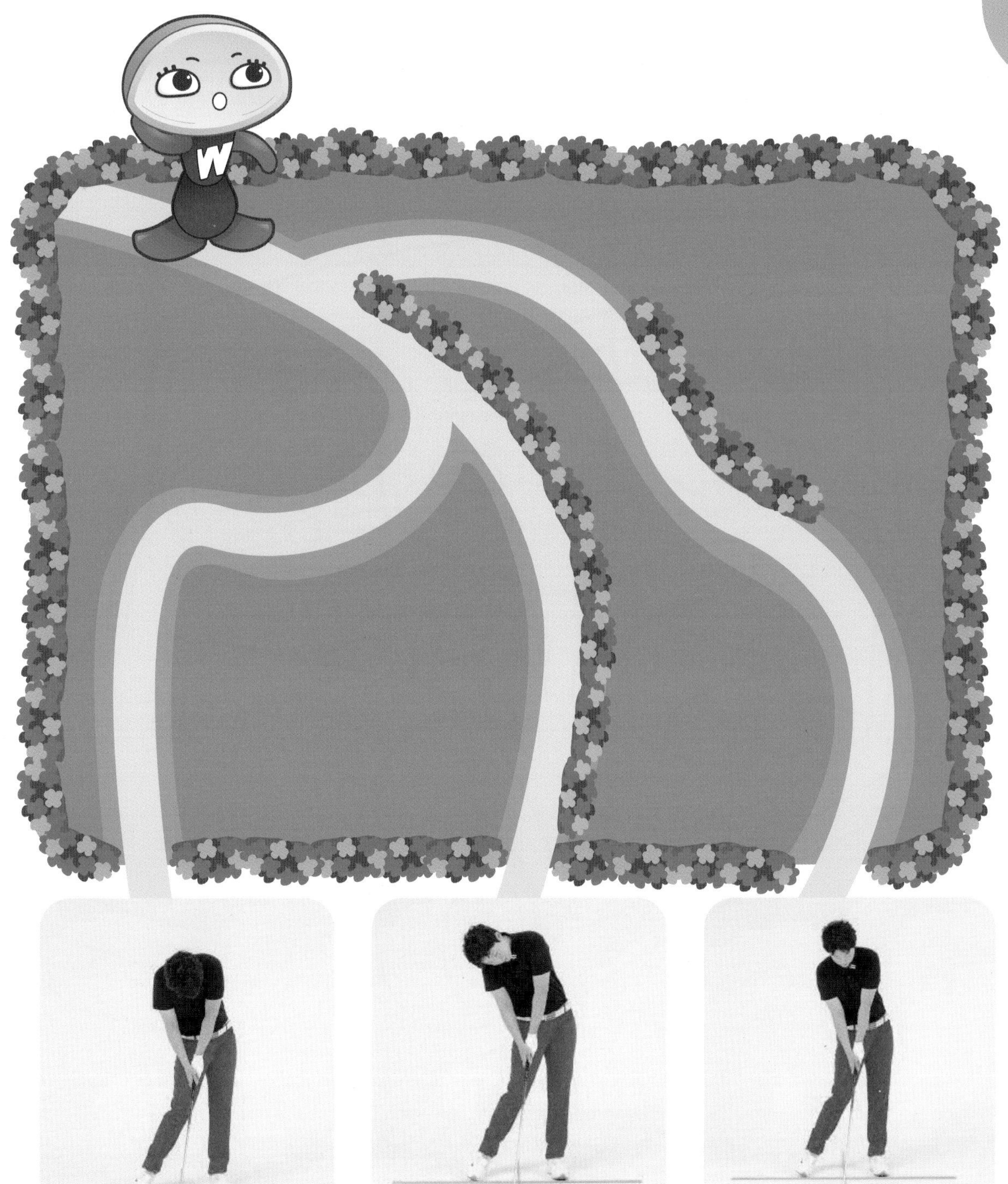

머리가 앞으로 많이 숙여지며
임팩트가 되고 있는 모습

머리가 오른쪽으로 누우며
임팩트가 되고 있는 모습

어드레스 그대로 공을 바라보며
임팩트가 되고 있는 모습

색칠공부

그림을 색칠해 보세요.

12

스코어 카드에 말 넣기

명칭	영어명칭	스코어	스코어를 읽고 소리나는 대로 적기
알바트로스	Albatross	-3	쓰리 언더
이글		-2	투 언더
버디	Birdie	-	
파		0	
보기	Bogey		원 오버
더블보기	Double bogey	+2	투 오버
	Triple bogey	+3	쓰리 오버
쿼드러플보기	Quadruple bogey	+4	포 오버

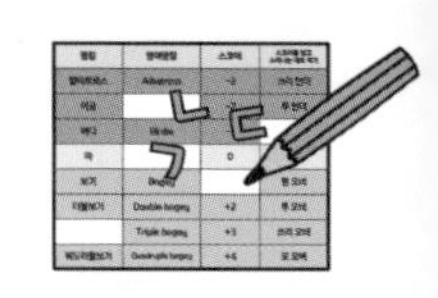

스코어 표입니다. 스코어 표를 잘 보고 나서 다음 장의 문제를 풀어보세요.

명칭	영어명칭	스코어	스코어를 읽고 소리나는 대로 적기
알바트로스	Albatross	-3	쓰리 언더
이글	Eagle	-2	투 언더
버디	Birdie	-1	원 언더
파	Par	0	이븐
보기	Bogey	+1	원 오버
더블보기	Double bogey	+2	투 오버
트리플보기	Triple bogey	+3	쓰리 오버
쿼드러플보기	Quadruple bogey	+4	포 오버

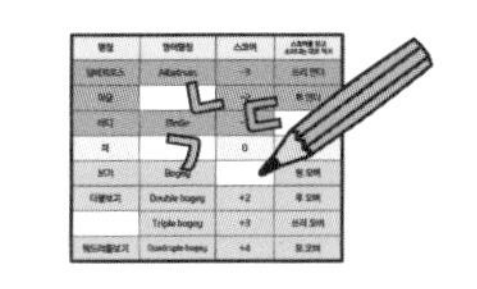

표를 보고 빈칸에 알맞은 말을 넣어보세요.

명칭	영어명칭	스코어	스코어를 읽고 소리나는 대로 적기
알바트로스	Albatross	-3	쓰리 언더
이글	Eagle	-2	
버디	Birdie	-1	원 언더
	Par	0	이븐
보기	Bogey		원 오버
더블보기	Double bogey	+2	투 오버
트리플보기	Triple bogey	+3	
쿼드러플보기	Quadruple bogey	+4	포 오버

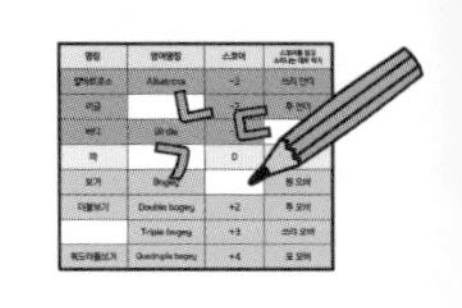

표를 보고 빈칸에 알맞은 말을 넣어보세요.

명칭	영어명칭	스코어	스코어를 읽고 소리나는 대로 적기
알바트로스	Albatross	-3	쓰리 언더
이글	Eagle		투 언더
버디	Birdie		원 언더
파	Par	0	이븐
보기	Bogey		원 오버
더블보기	Double bogey	+2	
	Triple bogey	+3	쓰리 오버
쿼드러플보기	Quadruple bogey	+4	포 오버

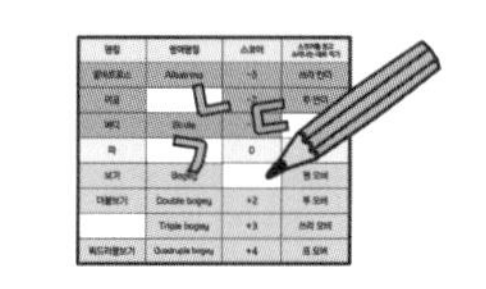

표를 보고 빈칸에 알맞은 말을 넣어보세요.

명칭	영어명칭	스코어	스코어를 읽고 소리나는 대로 적기
알바트로스	Albatross	-3	쓰리 언더
	Eagle		투 언더
버디	Birdie	-1	원 언더
파	Par		이븐
	Bogey		원 오버
	Double bogey	+2	
트리플보기	Triple bogey		쓰리 오버
쿼드러플보기	Quadruple bogey	+4	포 오버

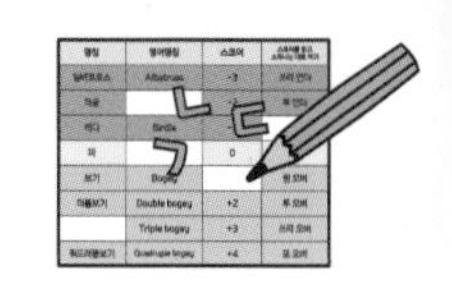

표를 보고 빈칸에 알맞은 말을 넣어보세요.

명칭	영어명칭	스코어	스코어를 읽고 소리나는 대로 적기
알바트로스	Albatross	-3	쓰리 언더
이글	Eagle	-2	
버디	Birdie	-1	원 언더
파	Par		이븐
보기	Bogey		원 오버
	Double bogey	+2	
트리플보기	Triple bogey	+3	쓰리 오버
	Quadruple bogey		포 오버

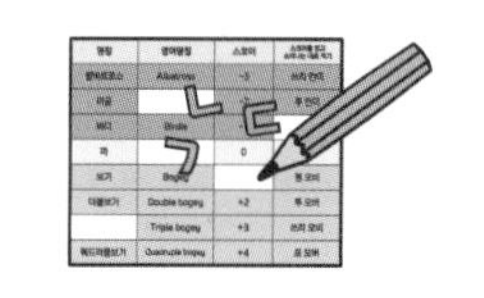

표를 보고 빈칸에 알맞은 말을 넣어보세요.

명칭	영어명칭	스코어	스코어를 읽고 소리나는 대로 적기
알바트로스	Albatross		쓰리 언더
	Eagle	-2	
	Birdie		원 언더
파	Par	0	이븐
	Bogey	+1	
	Double bogey		
트리플보기	Triple bogey	+3	
쿼드러플보기	Quadruple bogey		포 오버

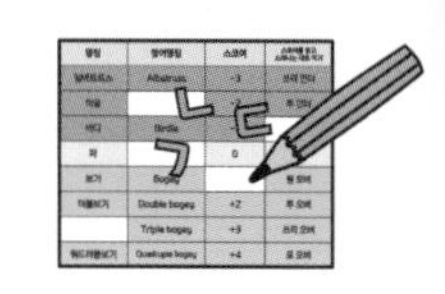

표를 보고 빈칸에 알맞은 말을 넣어보세요.

명칭	영어명칭	스코어	스코어를 읽고 소리나는 대로 적기
알바트로스	Albatross		
	Eagle		투 언더
버디	Birdie	-1	원 언더
파	Par		이븐
	Bogey		
	Double bogey	+2	
트리플보기	Triple bogey		
	Quadruple bogey		포 오버

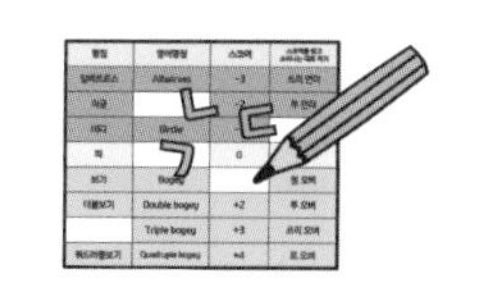

표를 보고 빈칸에 알맞은 말을 넣어보세요.

명칭	영어명칭	스코어	스코어를 읽고 소리나는 대로 적기
	Albatross		쓰리 언더
	Eagle	-2	
	Birdie		원 언더
	Par	0	
	Bogey		
더블보기	Double bogey	+2	
	Triple bogey		쓰리 오버
쿼드러플보기	Quadruple bogey	+4	포 오버

색칠공부

그림을 색칠해 보세요.

13

아이언 팔로우스루

OX퀴즈.

바른 동작의 사진에는 O에 동그라미를
바르지 않은 동작의 사진에는 X에 동그라미를
해보세요.

머리가 움직이지 않고 체중 이동을 하며,
클럽을 자연스럽게 보내준 모습

머리가 목표 방향으로 따라가며,
중심이 앞으로 쏠려있는 모습

OX퀴즈.

바른 동작의 사진에는 O에 동그라미를
바르지 않은 동작의 사진에는 X에 동그라미를
해보세요.

공이 있던 자리를 보며 어드레스를 그대로
회전하여 클럽을 앞으로 보내준 모습

몸이 들어 올려지며
일직선으로 펴진 모습

O X

OX퀴즈.

팔로우스루 (Follw-through) 를 하였을 때 올바른 팔의 모습에는 O에 동그라미를 잘못된 팔의 모양에는 X에 동그라미를 해보세요.

팔에 과도하게 힘을 주어 손이
몸 앞으로 밀리며 스윙을 하는 모습

왼팔이 구부러지고 당겨지는 모습

팔이나 손에 힘이 많이 들어가지
않고 자연스럽게 휘두른 모습

〈보기〉 안에 사진을 보고 올바른 모습의 팔로우스루 (Follow-through)를 찾아 네모 안에 답을 적어보세요.

〈보기〉

몸이 들어 올려지며
일직선으로 펴진 모습

㉡

손목에 과도하게 힘을 주어
헤드를 밀어서 공을 친 모습

공이 있던 자리를 보며 어드레스 그대로
회전하여 클럽을 앞으로 보내준 모습

상체가 목표 방향 쪽으로 따라 나가며
몸의 중심이 쏠려있는 모습

<보기> 안에 사진을 보고 올바른 모습의 팔로우스루 (follow-through)를 찾아 네모 안에 답을 적어보세요.

<보기>

㉠

왼팔이 당겨지면서
구부러진 모습

㉡

손목을 과하게 돌려
클럽 헤드가 어깨보다 쳐진 모습

㉢

머리가 오른쪽으로 기울어지면서 체중이
오른쪽에 있으며 클럽을 퍼올린 모습

㉣

머리가 움직이지 않고 체중 이동을 하며
클럽을 자연스럽게 보내준 모습

<보기>를 보고 올바른 팔로우스루(follow-through)끼리 짝지어진 사진을 찾아 (✔)해보세요.

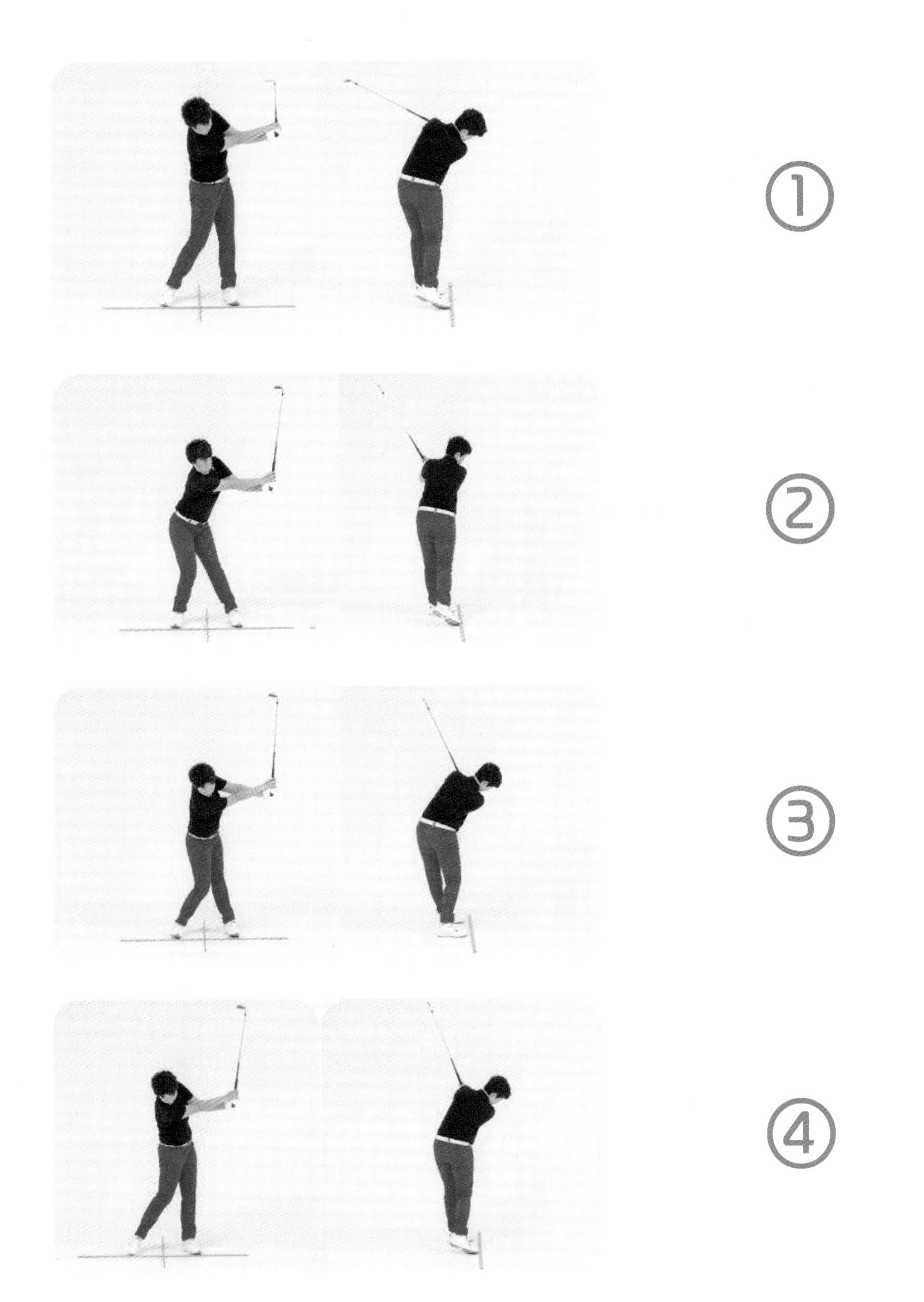

①

②

③

④

올바른 팔로우스루 (follow-through)를 한 사진에는 O를 바르지 않은 사진에는 X를 해보세요.

팔에 과도하게 힘을 주어 손이 몸 앞으로 밀리며 스윙을 하는 모습

시선이 클럽을 따라가며 스윙을 하는 모습

머리가 움직이지 않고 체중 이동을 하며 클럽을 자연스럽게 보내준 모습

왼팔이 당겨지면서 구부러진 모습

올바른 팔로우스루 (follow-through)를 한 사진에는 O를
바르지 않은 사진에는 X를 해보세요.

왼팔이 당겨지면서
구부러진 모습

공이 있던 자리를 보며
어드레스 그대로 회전하여
클럽을 앞으로 보내준 모습

팔에 과도하게 힘을 주어
손이 몸 앞으로 밀리며
스윙을 하는 모습

몸이 들어 올려지며
일직선으로 펴진 모습

미로를 따라가 팔로우스루 (follow-through)에서의 올바른 머리의 위치를 알아보세요.

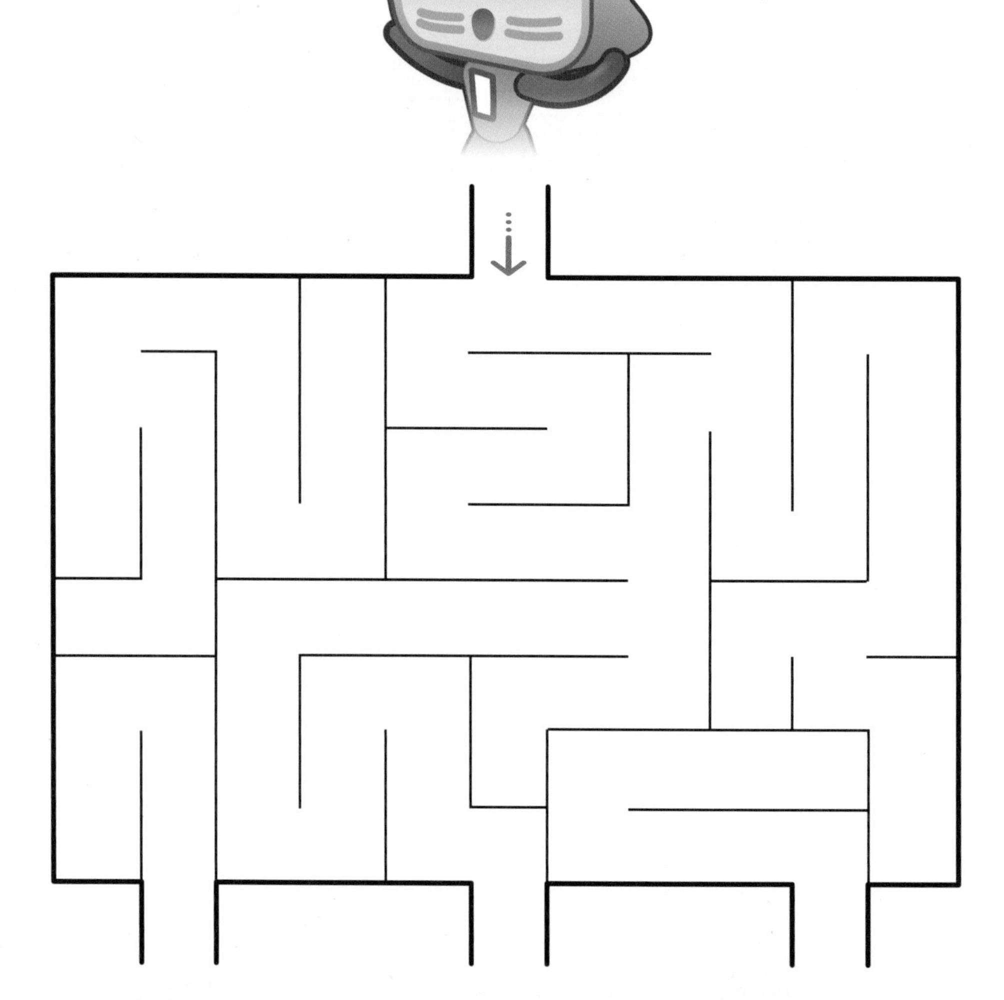

머리가 오른쪽으로 쏠리며
많이 기울어져 있는 모습

어드레스의 위치 그대로
머리의 위치가 유지되는 모습

머리가 목표 방향 쪽으로 쏠리며
많이 기울어져 있는 모습

미로를 따라가 팔로우스루 (follow-through)**에서의 올바른 상체의 모습을 알아보세요.**

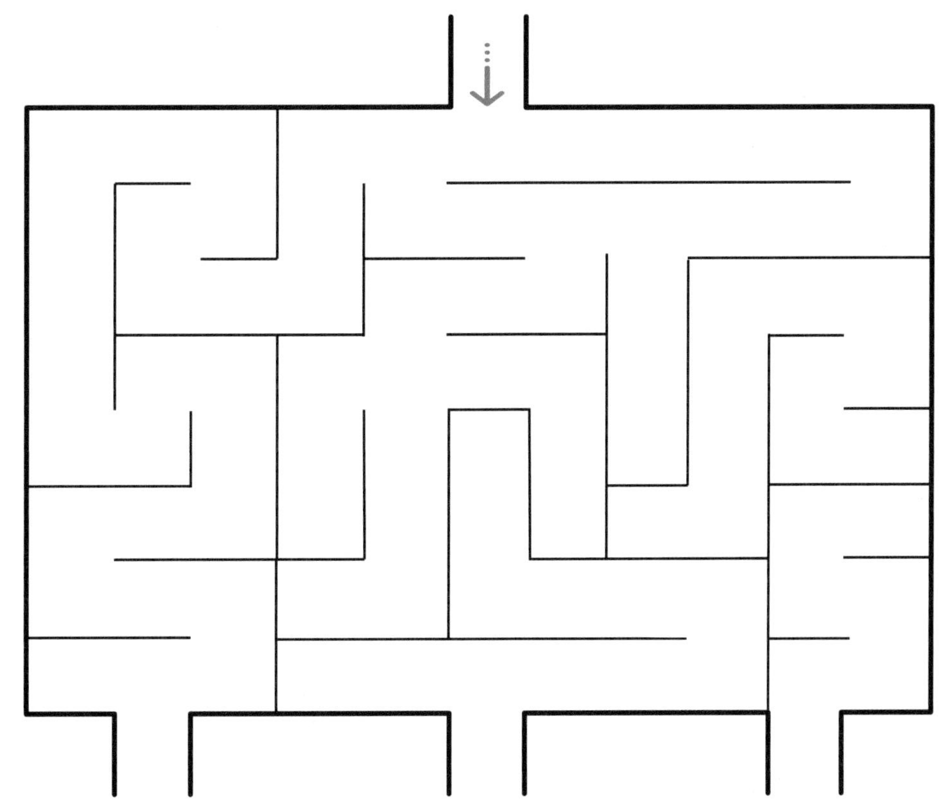

어드레스 그대로
회전한 모습

어드레스보다 상체가
들리며 일직선으로 펴진 모습

어드레스보다
상체가 바닥 쪽으로 숙여진 모습

팔로우스루 (follow-through)를 하였을 때 하체의 올바른 모습을 찾아 웃는 헤드에게 바르지 않은 모습은 우는 헤드에 선을 그어 연결해 보세요.

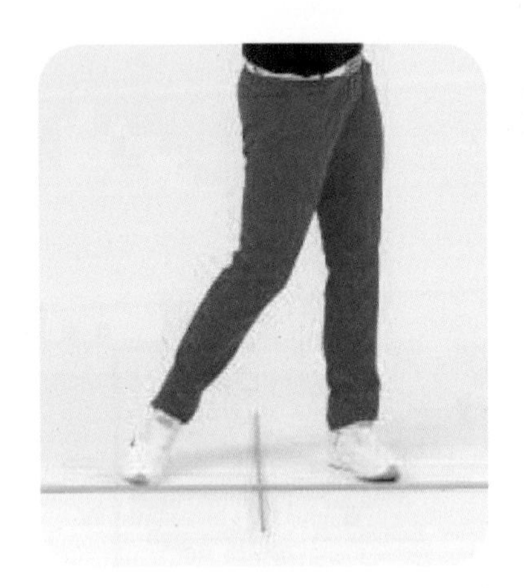

사다리를 타고 내려가 올바른 팔로우스루 (follow-through) 끼리 짝지어진 곳에 (O)를 아닌 곳에는 (X)를 해보세요.

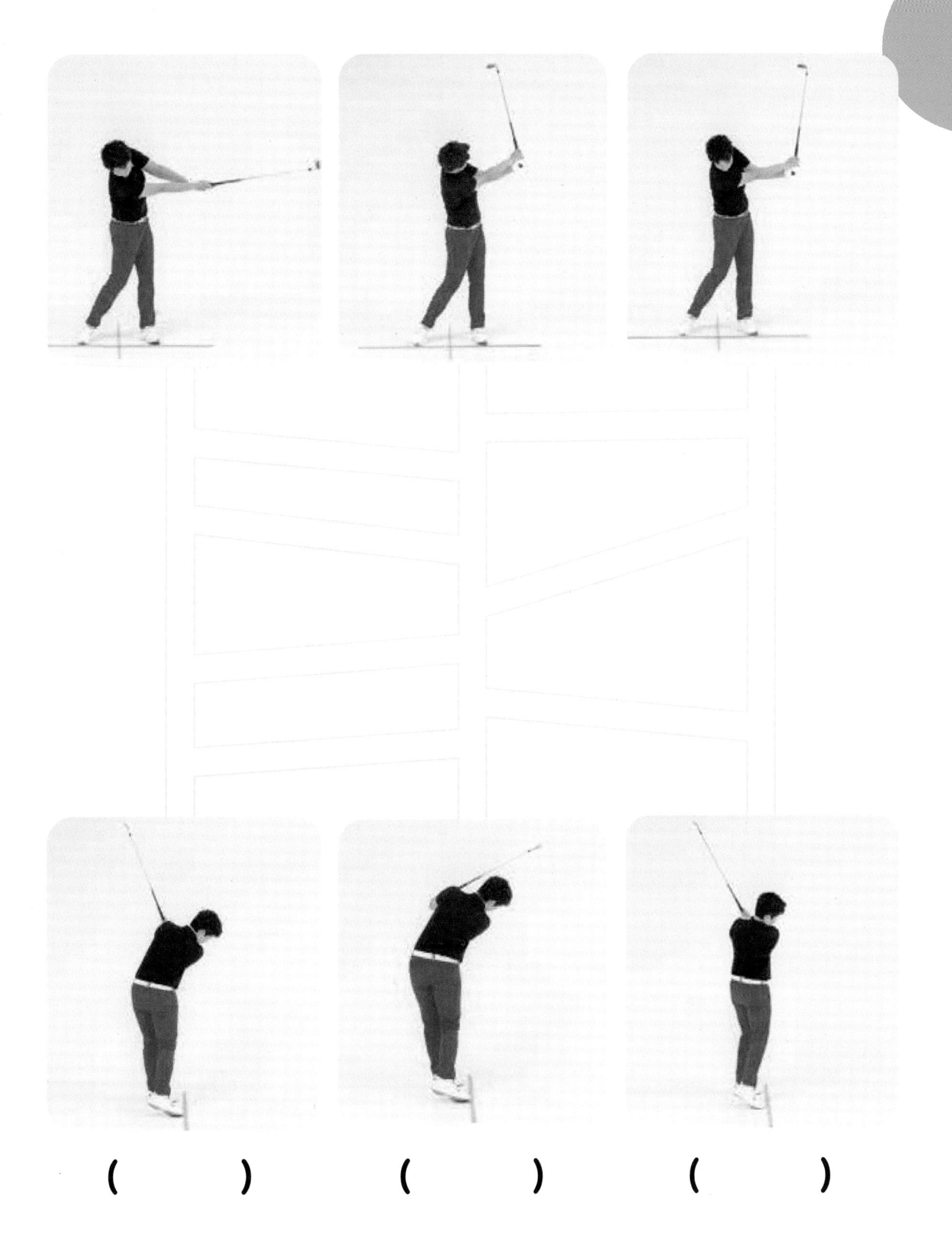

( ) ( ) ( )

올바른 팔로우스루 (follow-through)끼리 짝지어질 수 있도록
2개 이상의 선을 그어 사다리를 완성시켜 보세요.

팔로우스루 (follow-through)를 하였을 때 앞에서 본 올바른 골프클럽의 위치를 찾아 선을 그어 따라가 보세요.

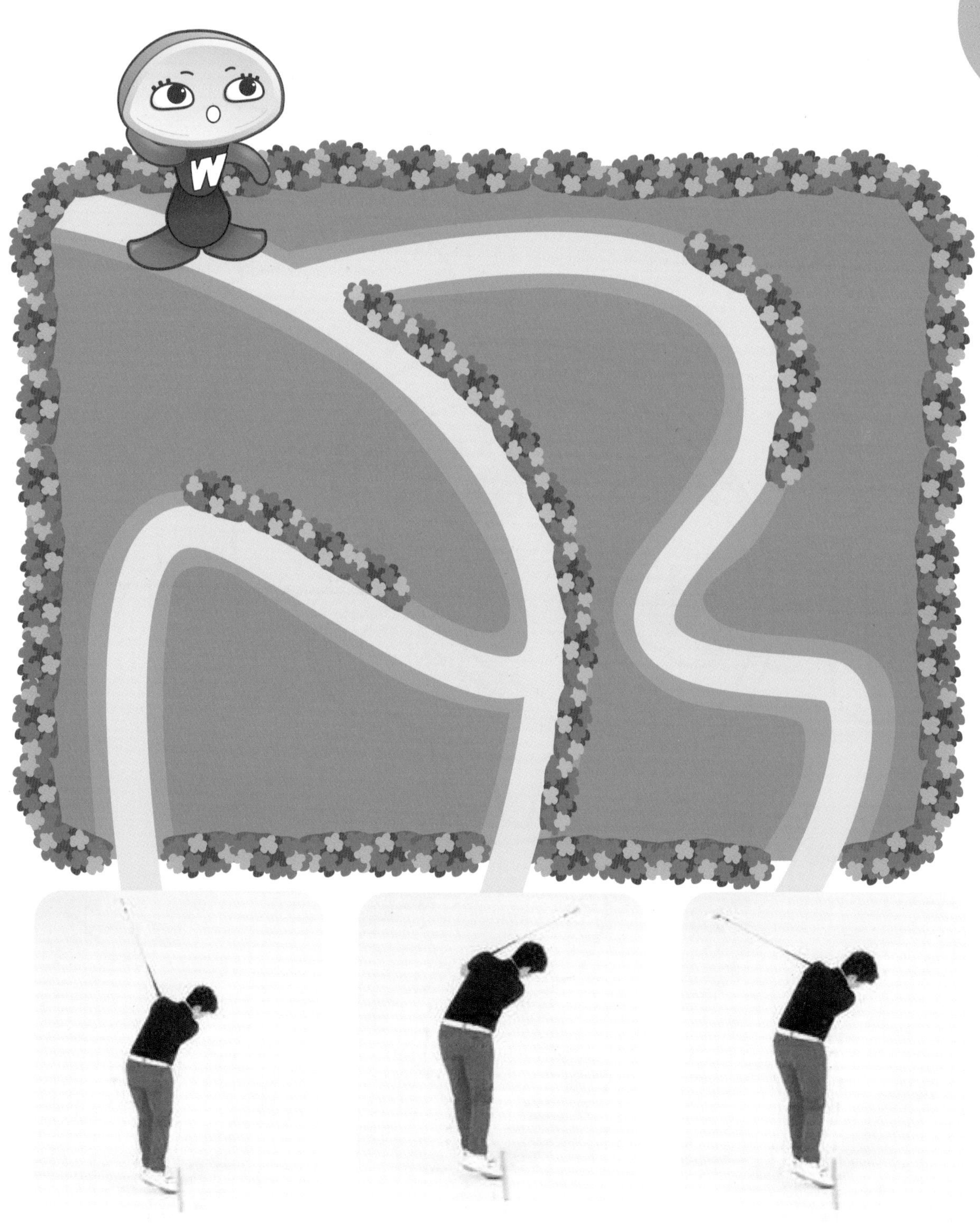

헤드가 하늘로 자연스럽게 올라가는 모습

골프클럽을 휘두르지 못하여 헤드가 머리보다 앞쪽에 있는 모습

과도한 손목의 사용으로 클럽헤드가 몸의 옆으로 돌아간 모습

색칠공부

그림을 색칠해 보세요.

14

골프클럽

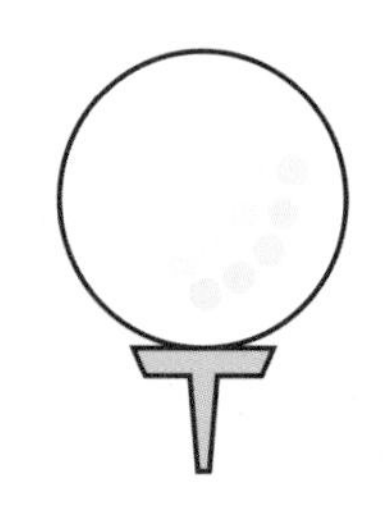

★읽어보세요★

골프클럽의 이름과 쓰임새를 알아봐요

<드라이버>

골프클럽 중 볼을 가장 멀리 보낼 수 있는 클럽입니다.

<우드>

드라이버 다음으로 거리를 많이 보낼 수 있는 클럽입니다.

<유틸리티>

우드의 장점과 아이언의 장점을 모아 만든 클럽입니다.

<아이언>

헤드를 금속으로 만들었으며 정확한 샷을 할 때 많이 쓰이는 클럽입니다.

<퍼터>

그린 위에서 볼을 굴릴 때 쓰는 클럽입니다.

동그라미 안에 쓰인 글을 읽고 연관된 글끼리 선으로 이어주세요.

공을 가장 멀리 보낼 수 있는 •	• 모아서 만든 유틸리티예요.
그린 위에서 볼을 굴려서 •	• 치는 퍼터예요.
드라이버보다 헤드가 작고 •	• 드라이버예요.
우드와 아이언의 장점을 •	• 두 번째로 거리가 많이 나가는 우드예요.

어떤 클럽으로 쳤는지 생각해 보고 선을 그어 연결해 보세요.

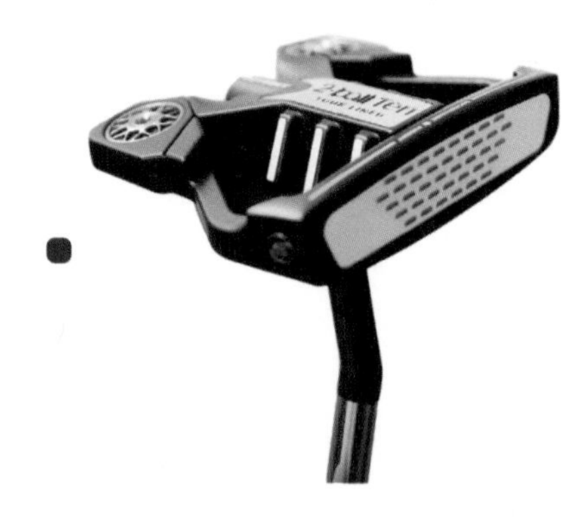

아래의 사진에 있는 골프 클럽에 대한 설명입니다.
화살표를 시작으로 미로를 빠져나가 확인해 보세요.

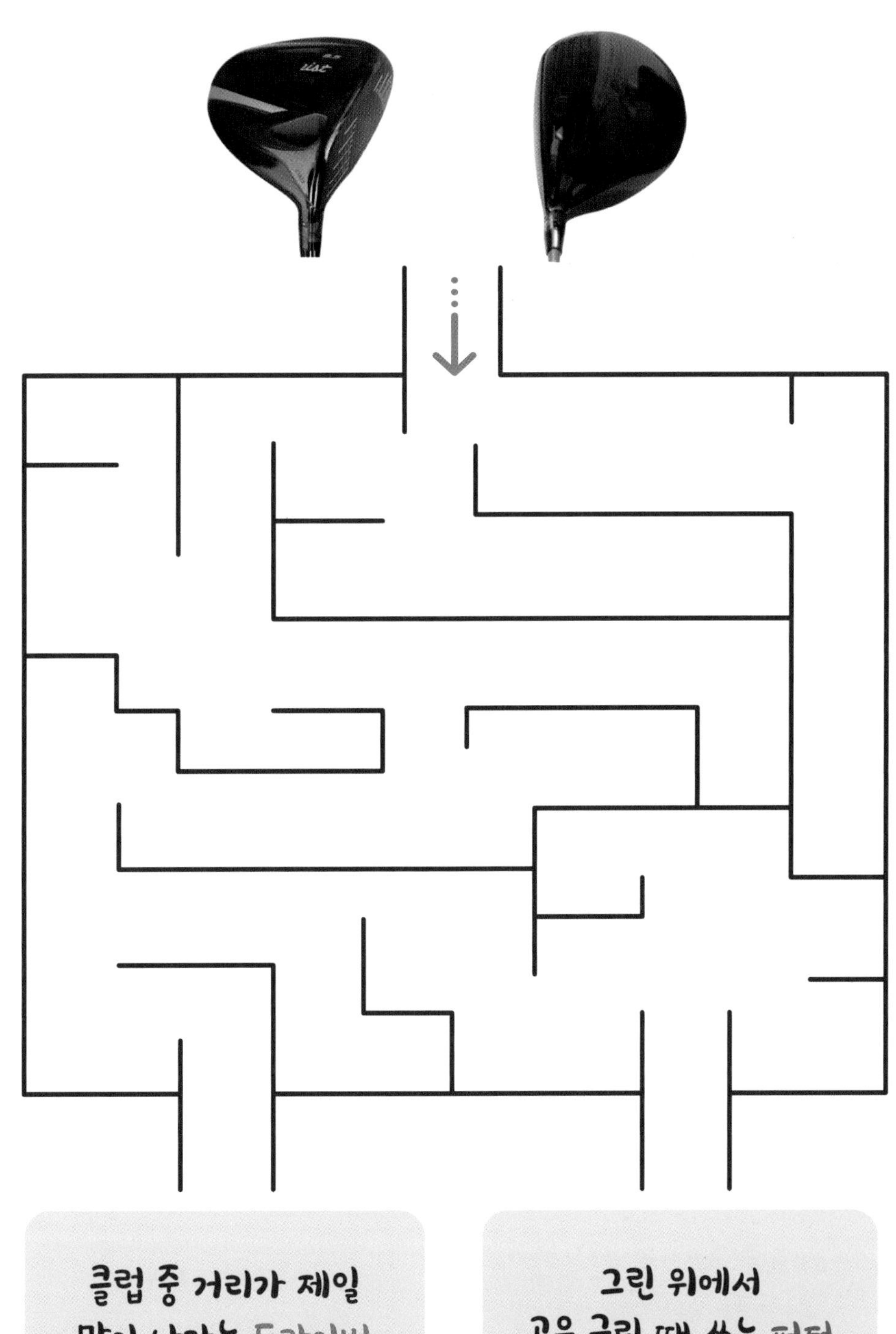

클럽 중 거리가 제일
많이 나가는 드라이버

그린 위에서
공을 굴릴 때 쓰는 퍼터

아래의 사진에 있는 골프 클럽에 대한 설명입니다.
화살표를 시작으로 미로를 빠져나가 확인해 보세요.

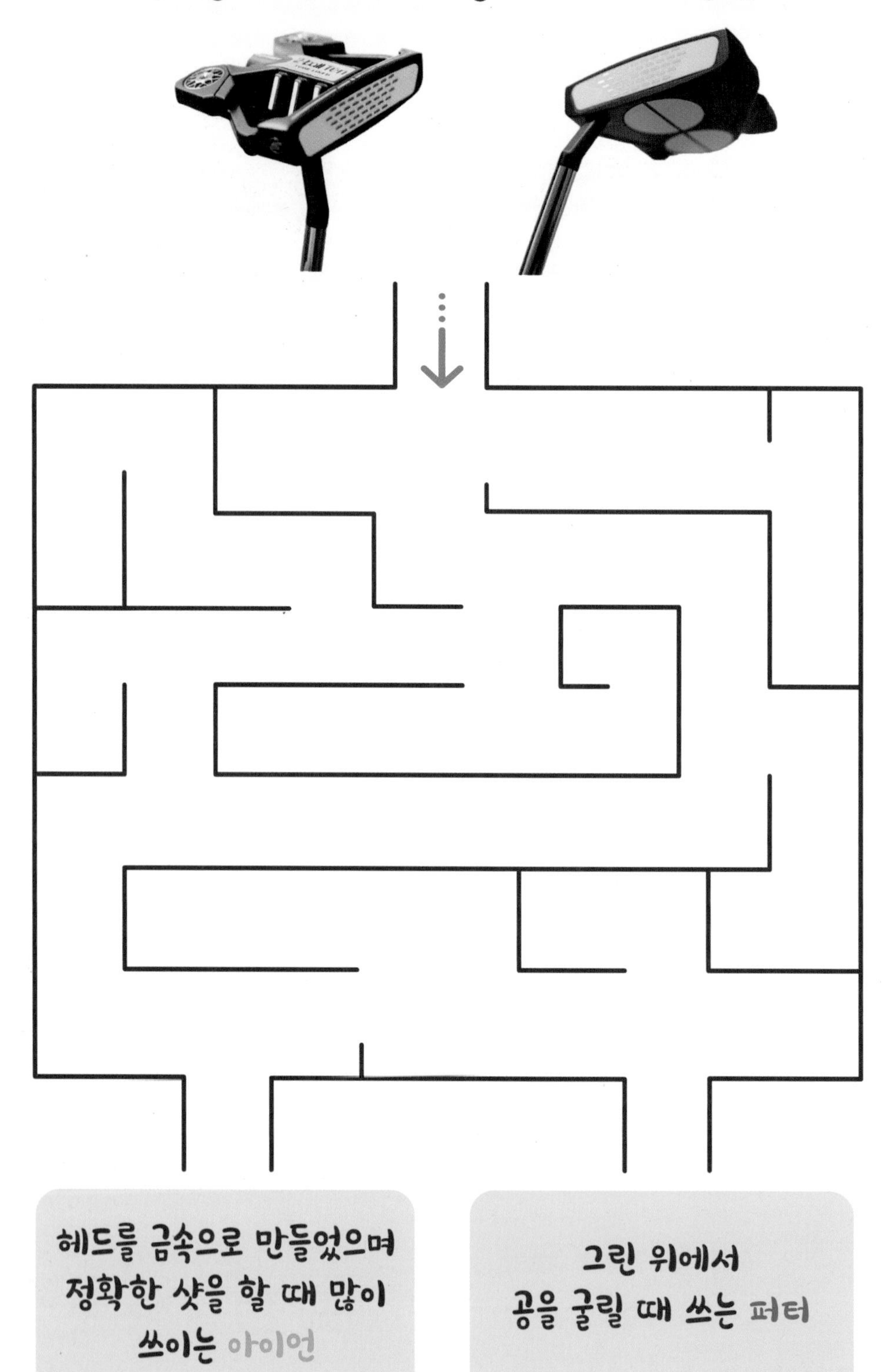

헤드를 금속으로 만들었으며
정확한 샷을 할 때 많이
쓰이는 아이언

그린 위에서
공을 굴릴 때 쓰는 퍼터

아래의 사진에 있는 골프 클럽에 대한 설명입니다.
화살표를 시작으로 미로를 빠져나가 확인해 보세요.

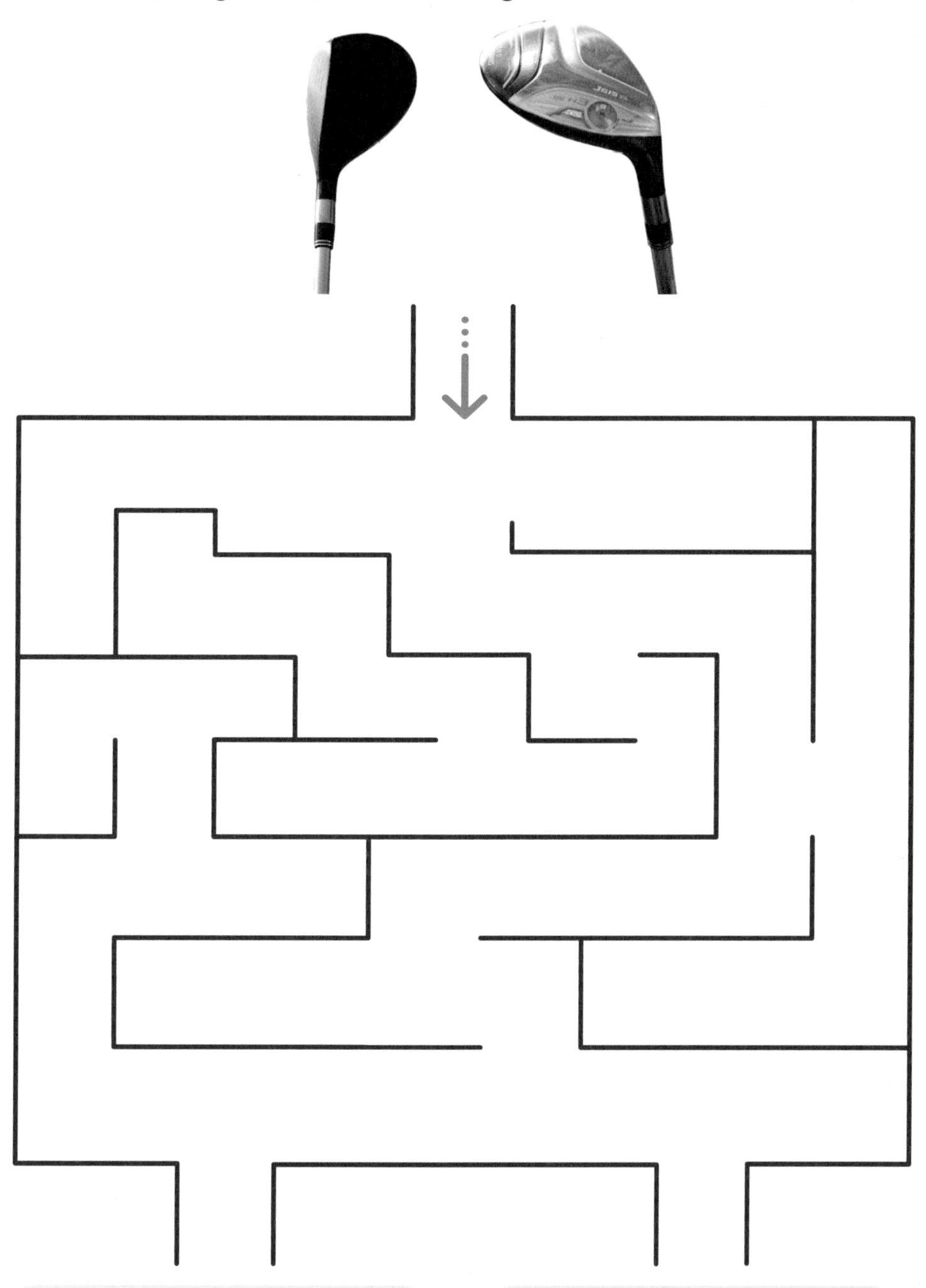

우드의 장점과 아이언의
장점을 모아 만든
유틸리티

헤드를 금속으로 만들었으며
정확한 샷을 할 때 많이
쓰이는 아이언

아래의 사진에 있는 골프 클럽에 대한 설명입니다.
화살표를 시작으로 미로를 빠져나가 확인해 보세요.

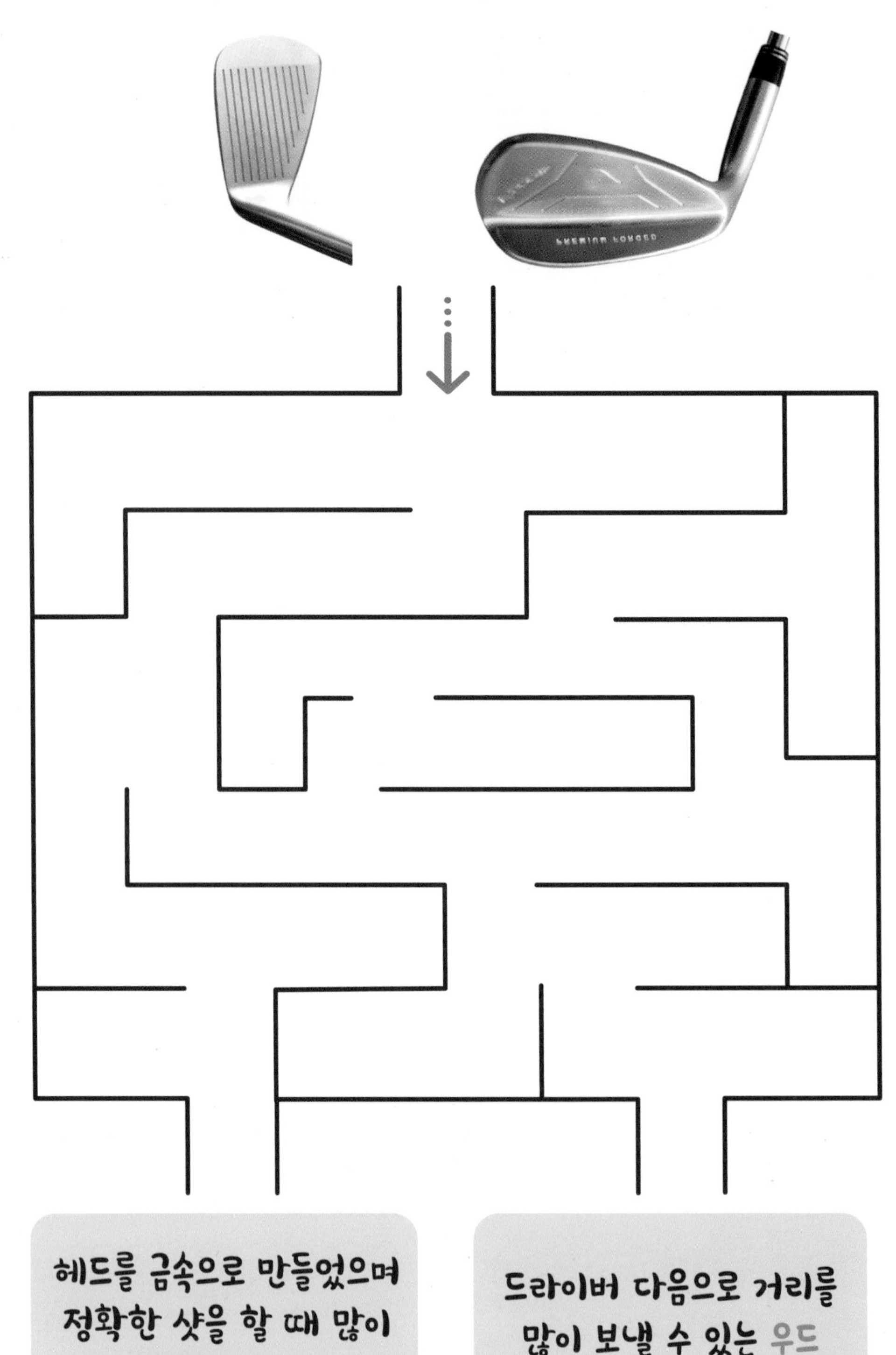

헤드를 금속으로 만들었으며 정확한 샷을 할 때 많이 쓰이는 아이언

드라이버 다음으로 거리를 많이 보낼 수 있는 우드

아래의 사진에 있는 골프 클럽에 대한 설명입니다.
화살표를 시작으로 미로를 빠져나가 확인해 보세요.

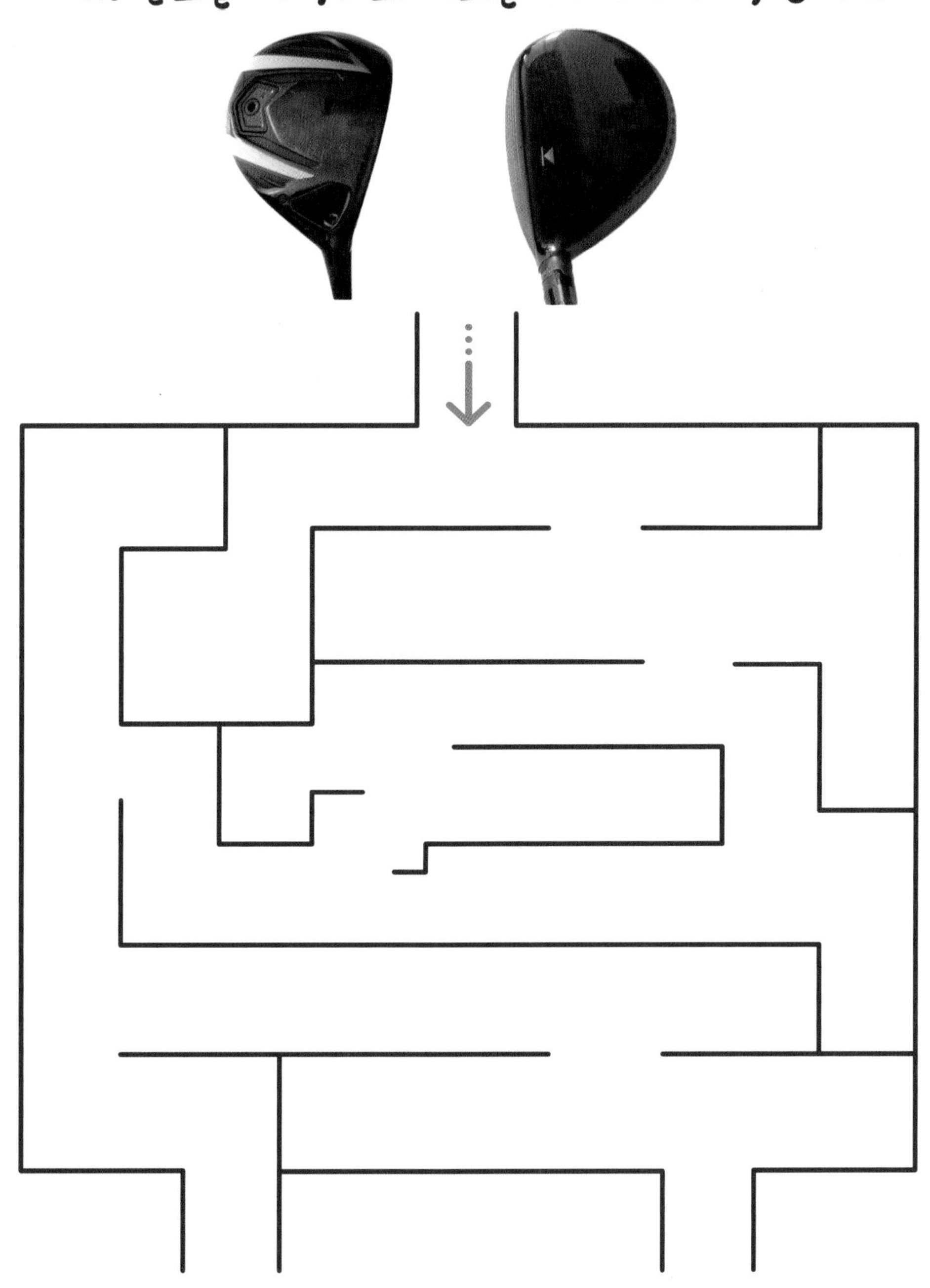

그린 위에서
공을 굴릴 때 쓰는 퍼터

드라이버 다음으로 거리를
많이 보낼 수 있는 우드

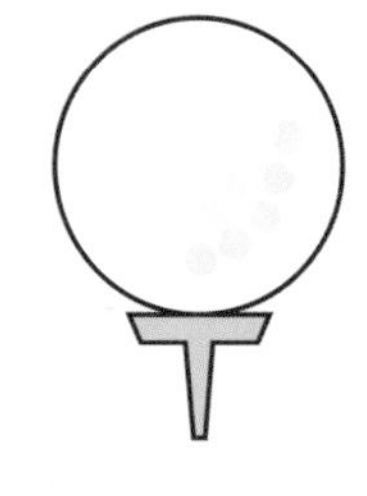

나는 무엇일까요?

나의 이야기를 듣고 보기 안에 있는 내가 누구인지 네모칸 안에 적어주세요.

<보기>

드라이버

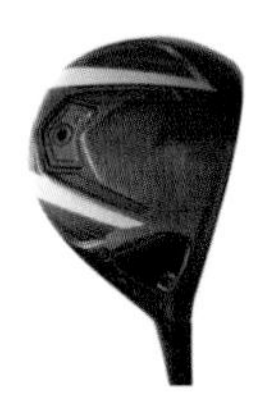

우드

아이언

퍼터

첫째, 나는 공이 홀 안에 들어갈 때 나는 '땡그랑' 소리를 자주 들어요.
둘째, 나는 주로 그린 위에서 써요.
셋째, 나는 공을 굴릴 때 써요.

나의 이름은 무엇일까요?

첫째, 나는 골프클럽 중에 거리가 제일 많이 나가요.
둘째, 나는 주로 티잉 그라운드에서 써요.
셋째, 나는 골프 클럽 중에 헤드가 제일 커요.

나의 이름은 무엇일까요?

나는 무엇일까요?

나의 이야기를 듣고 보기 안에 있는 내가 누구인지 네모칸 안에 적어주세요.

<보기>

첫째, 나는 드라이버랑 생김새는 비슷하지만 헤드의 크기가 조금 작아요.
둘째, 나는 아이언보다 거리가 많이 나가요.
셋째, 나는 드라이버보다 거리가 조금 나가요.

나의 이름은 무엇일까요?

첫째, 나는 골프클럽 중에 제일 많이 있어요.
둘째, 나는 헤드를 금속으로 만든 클럽이에요.
셋째, 나는 공을 칠 때 찍어 치는 클럽이에요.

나의 이름은 무엇일까요?

문장을 읽고 알맞은 골프클럽을 밑의 그림에서 오려 붙여보세요.

공의 거리가 제일 많이
나가는 골프클럽

그린 위에서 공을 굴릴 때
쓰는 골프클럽

드라이버나 우드보다 거리가 짧게 나가며
정교한 샷을 할 수 있는 골프클럽

(절취선)

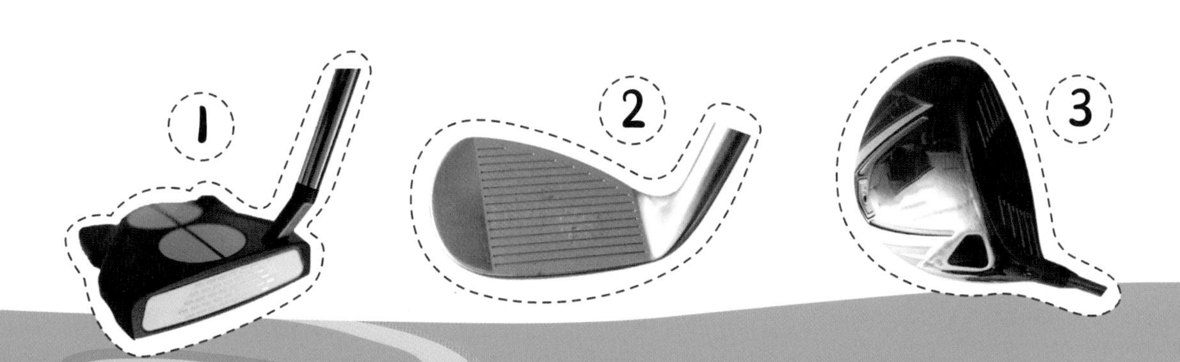

BINGO. 친구와 함께 빙고를 해봐요!

(절취선)

15

초성퀴즈

ㄱ ㄴ ㄷ

QUIZ

초성퀴즈.

사진(그림)을 보고 단어를 완성 시켜 보세요.

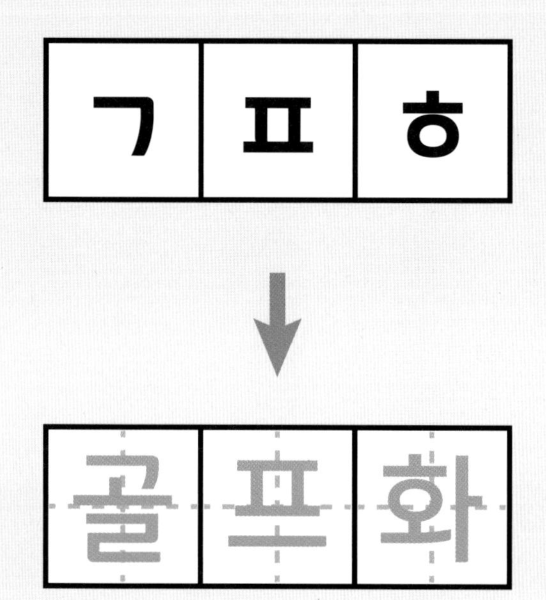

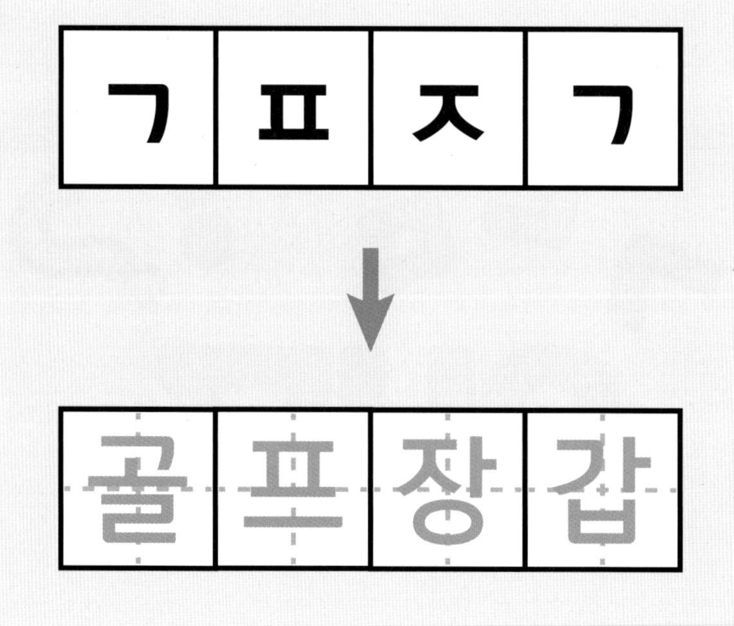

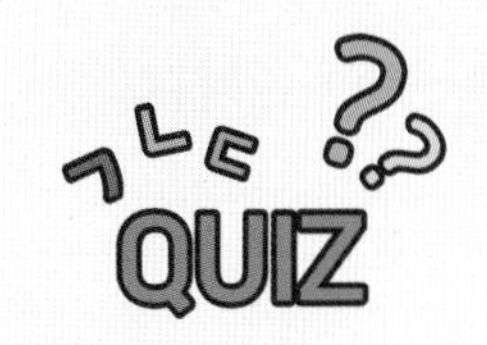

초성퀴즈.

사진(그림)을 보고 단어를 완성 시켜 보세요.

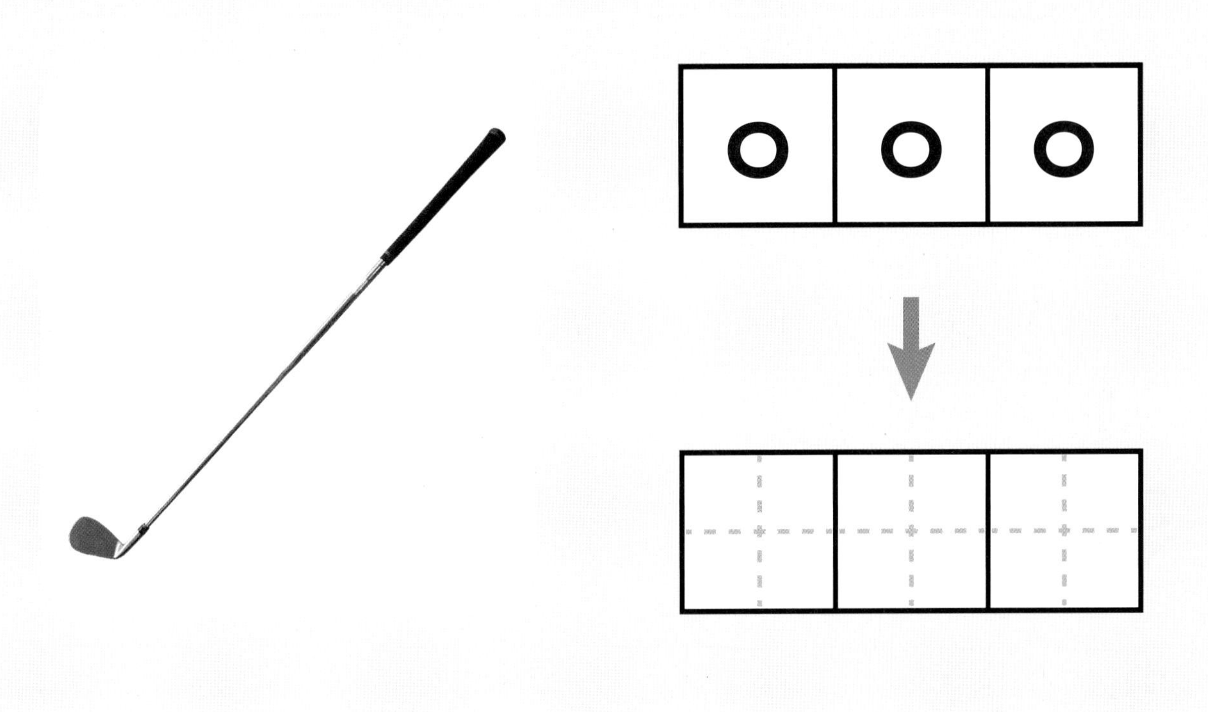

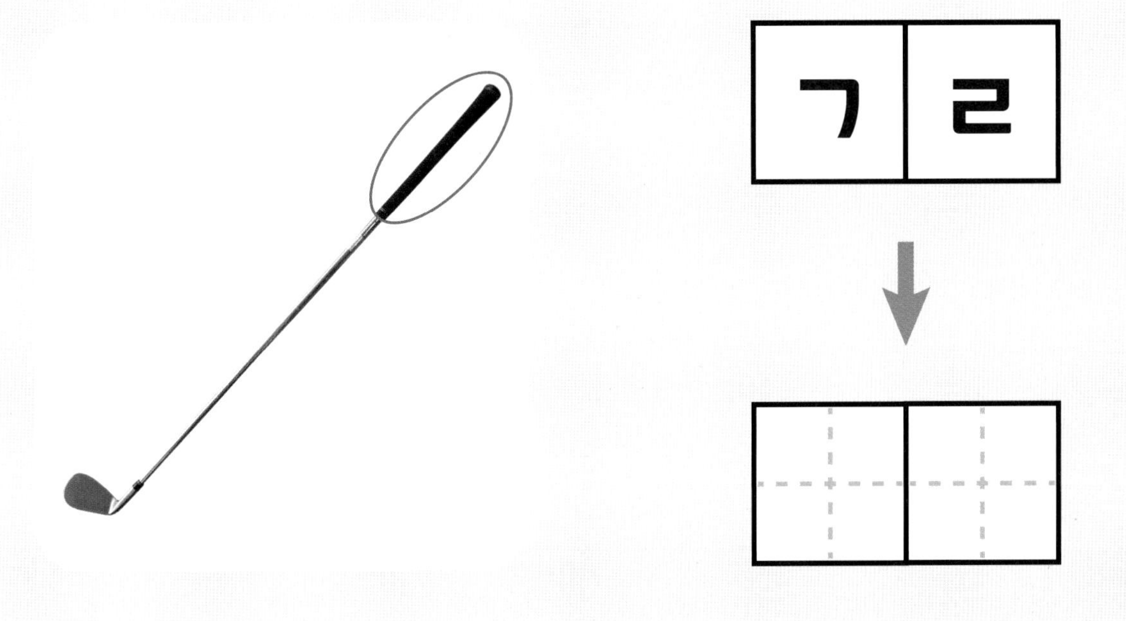

초성퀴즈.

사진(그림)을 보고 단어를 완성 시켜 보세요.

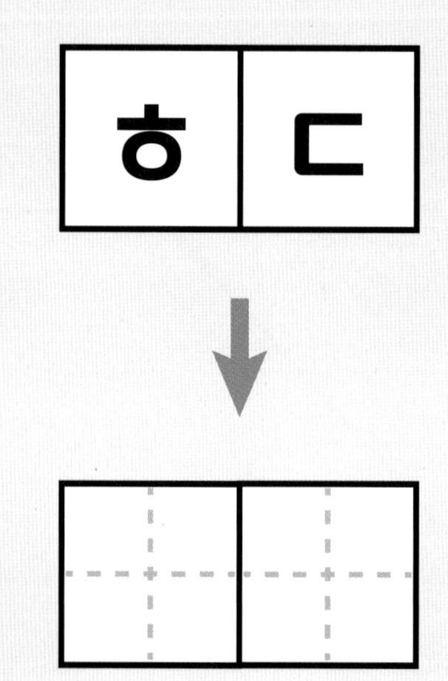

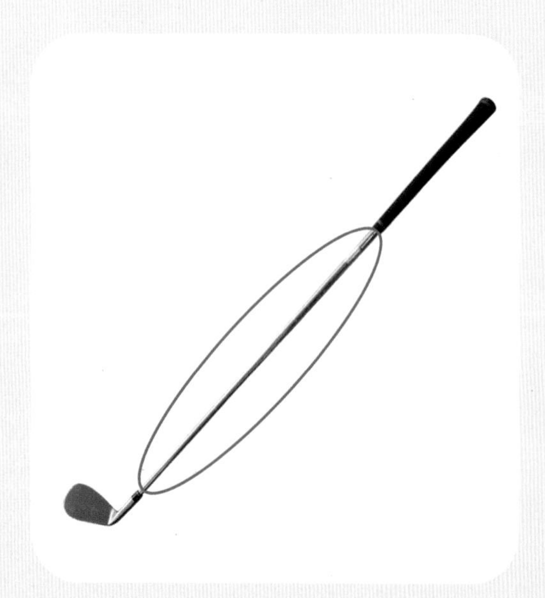

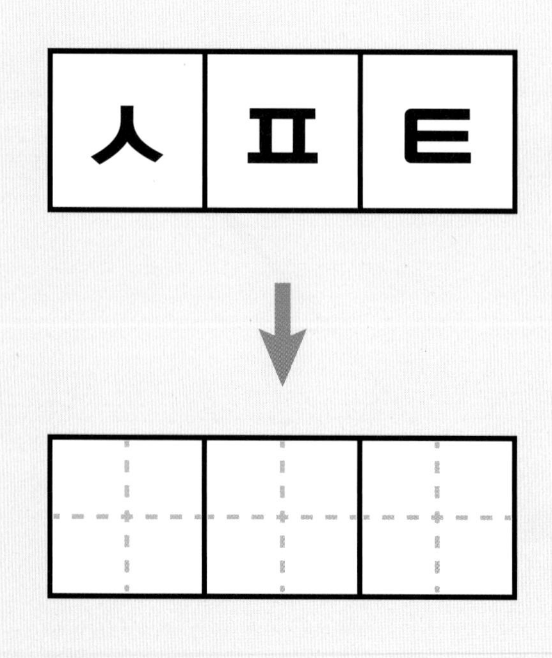

초성퀴즈.

사진(그림)을 보고 단어를 완성 시켜 보세요.

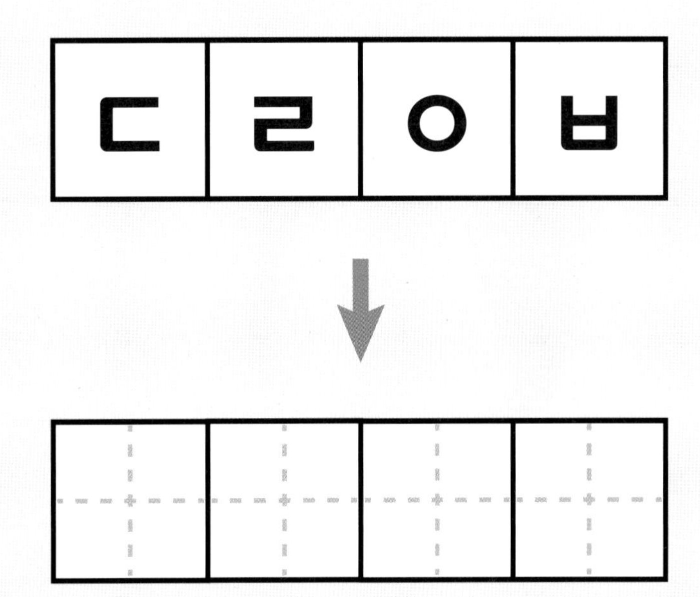

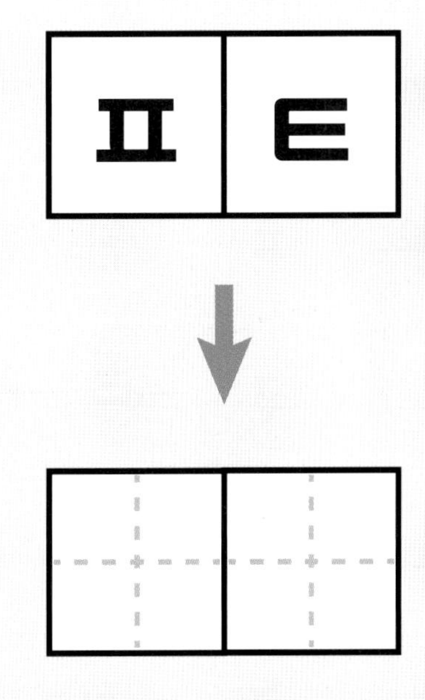

초성퀴즈.

사진(그림)을 보고 단어를 완성시켜 보세요.

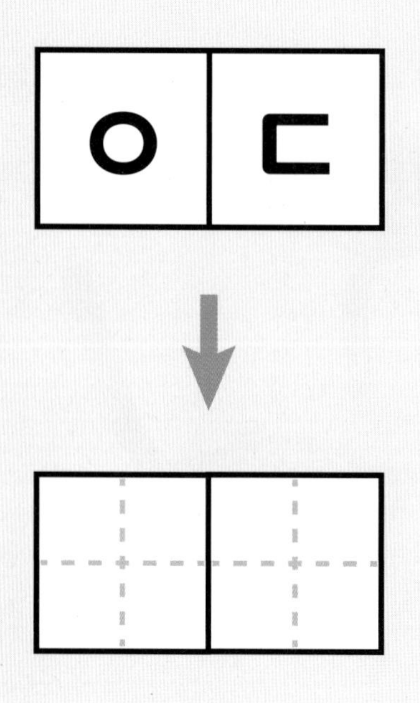

16

스코어 알아보기

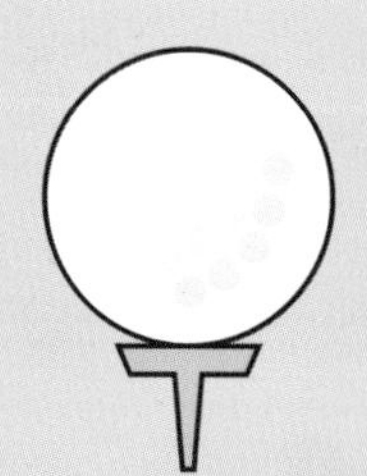

★읽어보세요★

문제를 읽고 <보기> 와 같이 연관되어 있는 것에 동그라미를 해보세요.

<보기> 알바트로스(ALBATROSS)와 연관 되어있는 것에 모두 동그라미를 그려보세요.

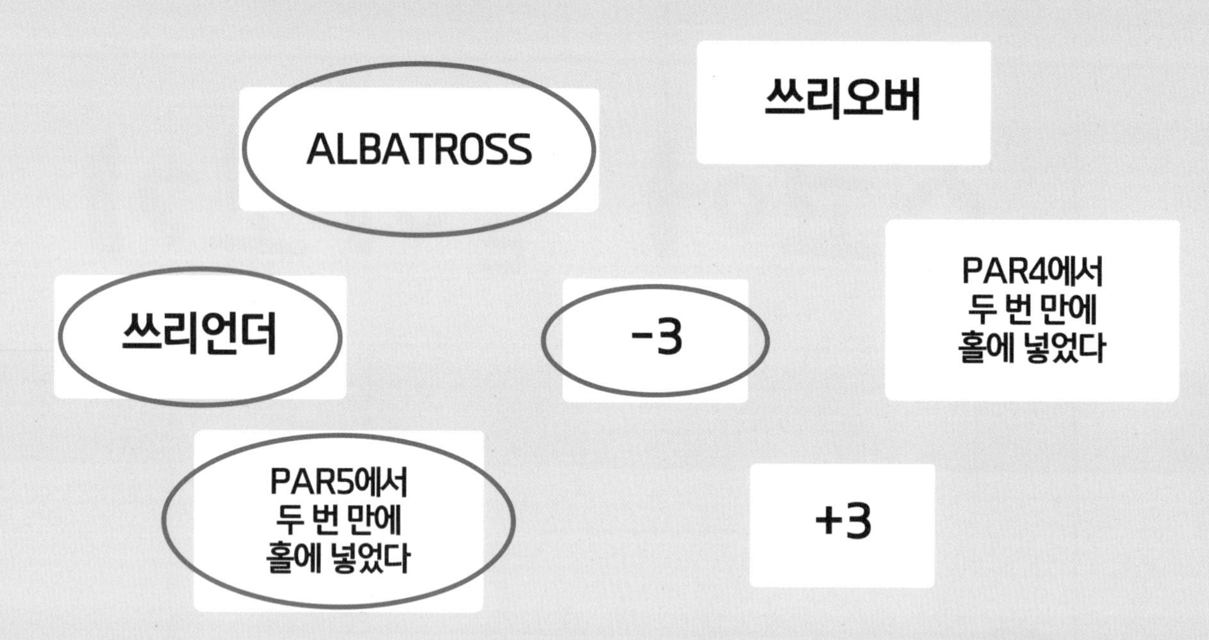

*알바트로스란?
PAR4에서 한 번에 넣거나 PAR5에서 두 번 만에 넣어서 한 홀에서 쓰리 언더를 쳐서 -3이 된 것이다.

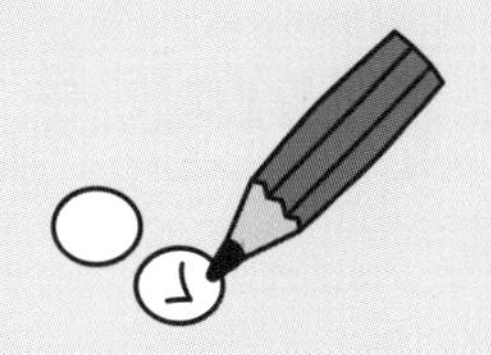

파(PAR)와 연관되어 있는 것에 모두 동그라미를 그려 보세요.

버디

PAR

이븐

PAR4에서
네 번 만에
홀에 넣었다

0

2

홀인원

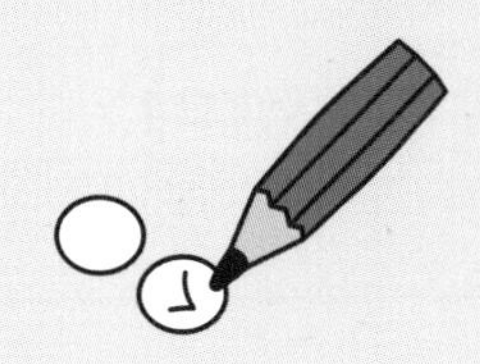

버디(Birdie)와 연관되어 있는 것에 모두 동그라미를 그려보세요.

PAR5에서
네 번 만에
홀에 넣었다

+1

-1

원언더

BIRDIE

원오버

PAR5에서
다섯 번 만에
홀에 넣었다

알바트로스

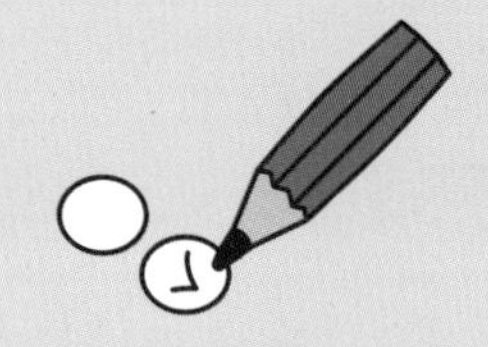

이글(Eagle)과 연관되어 있는 것에 모두 동그라미를 그려보세요.

-2

투오버

PAR5에서
세 번 만에
홀에 넣었다

EAGLE

+2

보기

투언더

PAR4에서
두 번 만에
홀에 넣었다

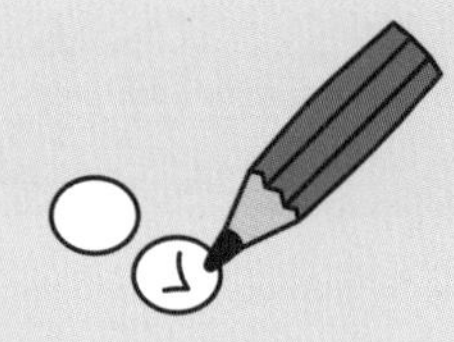

보기(Bogey)와 연관되어 있는 것에 모두 동그라미를 그려보세요.

PAR4에서
한번에
홀에 넣었다

+1

PAR4에서
두 번 만에
홀에 넣었다

+5

BOGEY

ALBATROSS

원오버

원언더

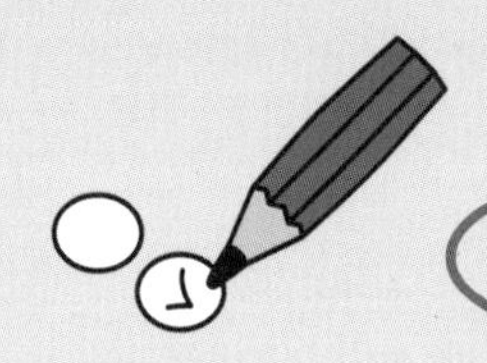

더블보기(Double bogey)와 연관되어 있는 것에 모두 동그라미 를 그려보세요.

+2

이글

DOUBLE BOGEY

PAR4에서 어덟 번 만에 홀에 넣었다

투오버

PAR4에서 여섯 번 만에 홀에 넣었다

투언더

-2

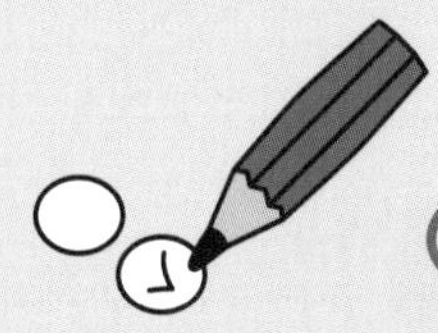

트리플보기(Triple bogey)와 연관되어 있는 것에 모두 동그라미 를 그려보세요.

+4

-3

PAR5에서 여덟 번 만에 홀에 넣었다

TRIPLE BOGEY

+3

알바트로스

쓰리오버

색칠공부

그림을 색칠해 보세요.

17

스코어 카드 보는 방법

스코어카드 보는 방법.

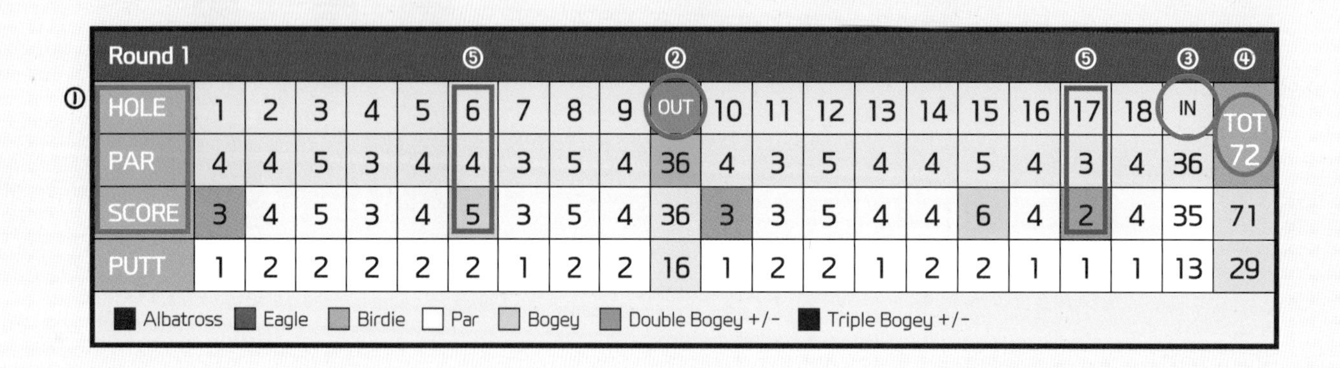

Round 1						⑤				②								⑤		③	④
① HOLE	1	2	3	4	5	6	7	8	9	OUT	10	11	12	13	14	15	16	17	18	IN	TOT
PAR	4	4	5	3	4	4	3	5	4	36	4	3	5	4	4	5	4	3	4	36	72
SCORE	3	4	5	3	4	5	3	5	4	36	3	3	5	4	4	6	4	2	4	35	71
PUTT	1	2	2	2	2	2	1	2	2	16	1	2	2	1	2	2	1	1	1	13	29

Albatross / Eagle / Birdie / Par / Bogey / Double Bogey +/- / Triple Bogey +/-

①

HOLE

1~18번 홀까지 있으며 각 홀 앞에 순서대로 숫자를 붙여서 부른다.

각 홀에서 PAR를 할 수 있는 기준이다.

SCORE

각 홀에서 내가 실제로 친 타수를 적는 곳이다.

②

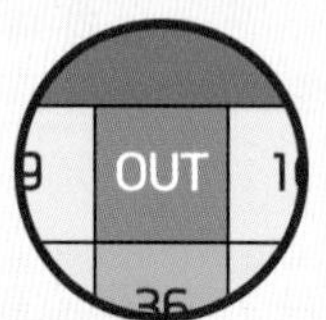

1~9번 홀까지를 OUT코스(아웃코스)라고 한다.

③

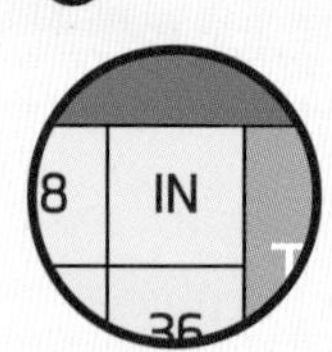

10~18번 홀까지를 IN코스(인코스)라고 한다.

④

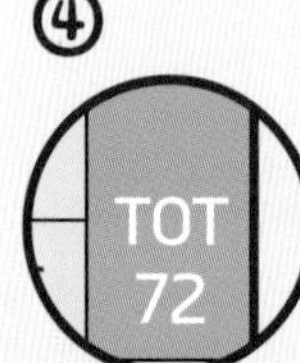

토탈(TOTAL)의 약자이며, 아웃코스와 인코스의 총합계는 72이다.

⑤

6 → 6번 홀
4 → PAR4에서
5 → 5개를 쳐서
1오버 보기를 했다.

17 → 17번 홀
3 → PAR3에서
2 → 2개를 쳐서
1언더 버디를 했다.

아래의 스코어 카드를 보고 문제에 답을 써보세요.

Round 2

HOLE	1	2	3	4	5	6	7	8	9	OUT	10	11	12	13	14	15	16	17	18	IN	TOT
PAR	4	4	5	3	4	4	3	5	4	36	4	3	5	4	4	5	4	3	4	36	72
SCORE	5	4	4	4	4	4	3	2	4	34	3	3	5	5	4	5	2	3	4	36	70
PUTT	2	2	1	2	2	2	1	0	2	14	1	1	2	1	2	2	1	1	2	13	27

■ Albatross ■ Eagle ■ Birdie □ Par ■ Bogey ■ Double Bogey +/- ■ Triple Bogey +/-

● PAR(파)를 몇 번 하였나요?

● BIRDIE(버디)를 몇 번 하였나요?

● EAGLE(이글)을 한 홀을 적어주세요.

● 알바트로스(ALBATROSS)를 한 홀을 적어주세요.

아래의 스코어 카드를 보고 문제에 답을 써보세요.

Round 2

HOLE	1	2	3	4	5	6	7	8	9	OUT	10	11	12	13	14	15	16	17	18	IN	TOT
PAR	4	4	5	3	4	4	3	5	4	36	4	3	5	4	4	5	4	3	4	36	72
SCORE	5	3	4	3	4	4	3	5	4	35	5	3	5	4	4	5	5	2	5	38	73
PUTT	3	1	1	2	2	1	2	2	1	15	1	1	2	1	2	2	2	1	2	14	29

■ Albatross ■ Eagle ■ Birdie □ Par ■ Bogey ■ Double Bogey +/- ■ Triple Bogey +/-

- BOGEY(보기)를 몇 개 하였나요?

- BIRDIE(버디)는 몇 개를 하였나요?

- OUT코스는 몇 번 홀부터 몇 번 홀까지인가요?

- IN코스는 몇 번 홀부터 몇 번 홀까지인가요?

아래의 스코어 카드를 보고 문제에 답을 써보세요.

Round 2

HOLE	1	2	3	4	5	6	7	8	9	OUT	10	11	12	13	14	15	16	17	18	IN	TOT
PAR	4	4	5	3	4	4	3	5	4	36	4	3	5	4	4	5	4	3	4	36	72
SCORE	4	4	6	3	4	3	3	4	4	35	4	3	4	3	3	5	4	3	4	33	68
PUTT	2	2	2	2	2	1	2	0	2	15	2	1	2	1	1	1	2	1	2	13	28

■ Albatross ■ Eagle ■ Birdie □ Par ■ Bogey ■ Double Bogey +/- ■ Triple Bogey +/-

- OUT코스에서 몇 개의 파를 하였나요?

- IN코스에서 몇 개의 파를 하였나요?

- OUT코스에서 총 몇 개의 오버 또는 언더를 쳤나요?

- IN코스에서 총 몇 개의 오버 또는 언더를 쳤나요?

아래의 스코어 카드를 보고 문제에 답을 써보세요.

Round 1																					
HOLE	1	2	3	4	5	6	7	8	9	OUT	10	11	12	13	14	15	16	17	18	IN	TOT
PAR	4	4	5	3	4	4	3	5	4	36	4	3	5	4	4	5	4	3	4	36	72
SCORE	4	4	5	4	5	6	3	5	4	40	3	4	5	3	4	5	4	3	4	35	75
PUTT	1	2	2	2	2	1	2	1	2	15	1	3	2	1	1	2	2	1	2	15	30

■ Albatross ■ Eagle ■ Birdie □ Par ■ Bogey ■ Double Bogey +/- ■ Triple Bogey +/-

- 6번 홀에서는 무엇을 하였나요?

- 4,5,6번 홀의 합계 스코어는 몇 개의 오버 또는 언더를 쳤나요?

- 10~13번 홀의 합계 스코어는 몇 개의 오버 또는 언더를 쳤나요?

- 1~18번 홀의 합계 스코어는 몇 개의 오버 또는 언더를 쳤나요?

아래의 스코어 카드를 보고 문제에 답을 써보세요.

Round 1																					
HOLE	1	2	3	4	5	6	7	8	9	OUT	10	11	12	13	14	15	16	17	18	IN	TOT
PAR	4	4	5	3	4	4	3	5	4	36	4	3	5	4	4	5	4	3	4	36	72
SCORE	4	4	5	3	4	3	3	5	4	35	4	4	4	4	4	5	6	4	7	42	77
PUTT	2	2	1	2	2	1	1	2	2	15	1	2	1	1	2	2	2	2	1	14	29

■ Albatross ■ Eagle ■ Birdie □ Par ■ Bogey ■ Double Bogey +/- ■ Triple Bogey +/-

● 보기를 한 홀을 적어주세요.

● 더블보기를 한 홀을 적어주세요.

● 트리플보기를 한 홀을 적어주세요.

● 버디를 한 홀을 적어주세요.

아래의 스코어 카드를 보고 문제에 답을 써보세요.

Round 2																					
HOLE	1	2	3	4	5	6	7	8	9	OUT	10	11	12	13	14	15	16	17	18	IN	TOT
PAR	4	4	5	3	4	4	3	5	4	36	4	3	5	4	4	5	4	3	4	36	72
SCORE	4	4	5	4	4	4	3	5	4	37	4	3	4	8	4	5	4	3	8	43	80
PUTT	2	2	2	2	2	2	2	2	2	15	2	2	1	2	2	2	2	2	2	17	35

Albatross / Eagle / Birdie / Par / Bogey / Double Bogey +/- / Triple Bogey +/-

- 13번 홀에서는 몇 개를 오버 하였나요?

- 4번 홀 PAR 3에서 몇 타를 쳤나요?

- 18번 홀에서 몇 타를 쳤어야 PAR를 할 수 있었을까요?

- OUT코스와 IN코스에서 각각 몇 개의 오버 또는 언더를 쳤나요?

18

아이언 피니쉬

OX퀴즈.

바른 동작의 사진에는 O에 동그라미를
바르지 않은 동작의 사진에는 X에 동그라미를
해보세요.

어드레스 기준으로 회전하여
피니쉬를 한 모습

머리가 목표 방향으로 따라가며
피니쉬를 한 모습

OX퀴즈.

바른 동작의 사진에는 O에 동그라미를
바르지 않은 동작의 사진에는 X에 동그라미를
해보세요.

오른쪽 어깨가 올라가면서
피니쉬를 한 모습

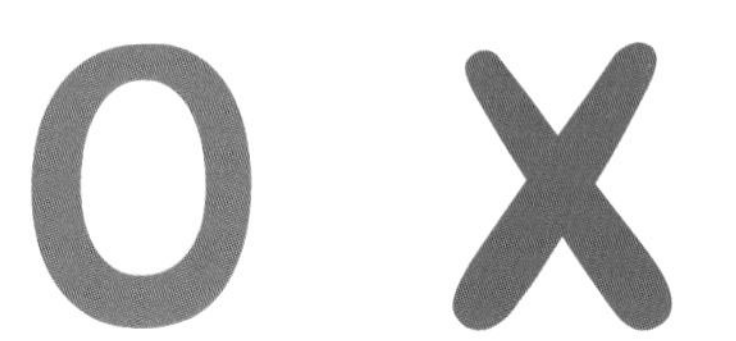

어드레스 그대로 회전하여
피니쉬를 한 모습

OX퀴즈.

바른 동작의 사진에는 O에 동그라미를
바르지 않은 동작의 사진에는 X에 동그라미를
해보세요.

클럽이 위에서 아래로
어깨에 걸쳐있는 모습

회전한 모습 그대로
클럽이 몸을 휘감은 모습

<보기> 안에 사진을 보고 올바른 모습의 피니쉬 (Finsh)를 찾아 네모 안에 답을 적어보세요.

<보기>

상체가 오른쪽으로 기울어지며
피니쉬를 한 모습

체중이 오른발 쪽으로 기울어지며
피니쉬를 한 모습

어드레스 그대로 회전하여
피니쉬를 한 모습

머리가 왼발 보다 앞으로 숙여지며
피니쉬를 한 모습

<보기> 안에 사진을 보고 올바른 모습의 피니쉬 (Finsh)를 찾아 네모 안에 답을 적어보세요.

<보기>

엉덩이가 오른발 쪽으로
빠지며 피니쉬를 한 모습

어드레스 그대로
회전하여 마무리한 모습

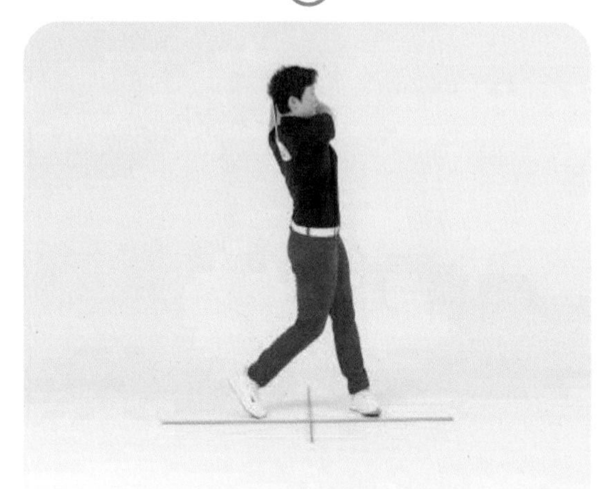

체중이 왼쪽으로 이동하지 못하고
오른쪽에 남아있는 모습

머리가 정면으로 쏠리며
몸이 많이 기울어져 있는 모습

<보기>를 보고 올바른 피니쉬 (Finish)끼리 짝지어진 사진을 찾아 (✔)해보세요.

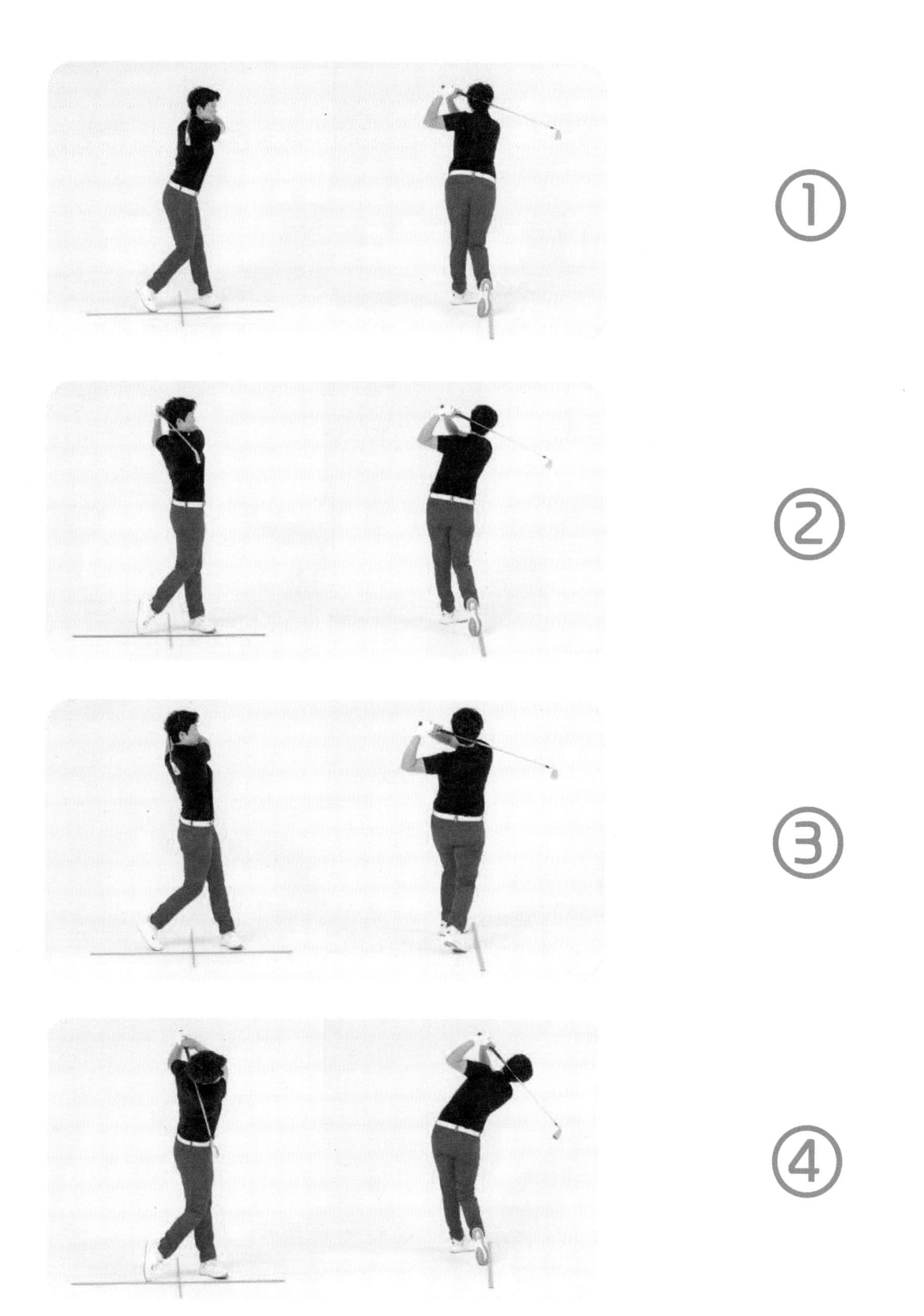

올바른 피니쉬 (Finish)를 한 사진에는 O를
바르지 않은 사진에는 X를 해보세요.

엉덩이가 오른발 쪽으로
빠져있는 모습

머리가 정면으로 쏠리며
많이 기울어진 모습

머리가 왼쪽 다리보다
목표 방향으로 나간 모습

왼쪽 다리로 체중 이동이
되며 회전한 모습

올바른 피니쉬 (Finish)를 한 사진에는 O를
바른지 않은 사진에는 X를 해보세요.

오른쪽 어깨가 왼쪽 어깨보다
과도하게 위로 올라가 있는 모습

엉덩이가 몸 뒤로 빠지며
머리가 앞쪽으로 나가 있는 모습

어드레스 그대로
회전한 모습

클럽이 위에서 아래로
어깨에 걸쳐있는 모습

미로를 따라가 피니쉬 (Finsh)에서의 올바른 머리의 모습을 알아보세요.

머리가 정면으로 쏠리며
많이 기울어져 있는 모습

머리가 왼발의 워치보다
목표 방향 쪽으로 따라 나간 모습

어드레스 그대로 회전하여
자연스럽게 목표 방향을 보는 모습

미로를 따라가 피니쉬 (Finsh)에서의 올바른 상체의 모습을 알아보세요.

어드레스 그대로
회전한 모습

과도하게 오른쪽으로
기울어진 모습

오른쪽 어깨가 왼쪽 어깨보다
올라간 모습

피니쉬 (Finsh)를 하였을 때 하체의 올바른 모습을 찾아 웃는 헤드에게 바르지 않은 모습은 우는 헤드에 선을 그어 연결해 보세요.

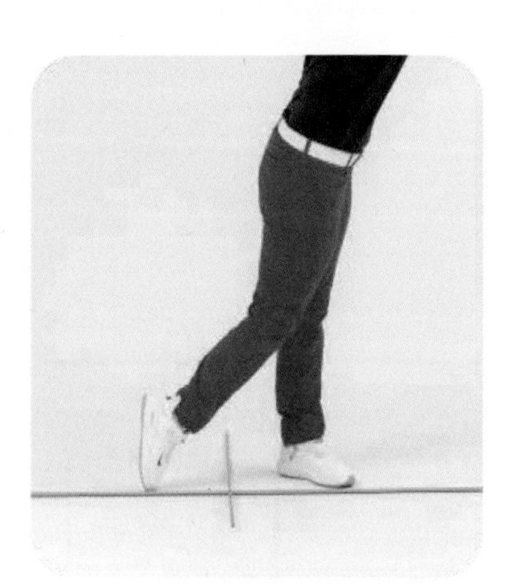

사다리를 타고 내려가 올바른 피니쉬(Finsh) 끼리 짝 지어진 곳에 (O)를 아닌 곳에는 (X)를 해보세요.

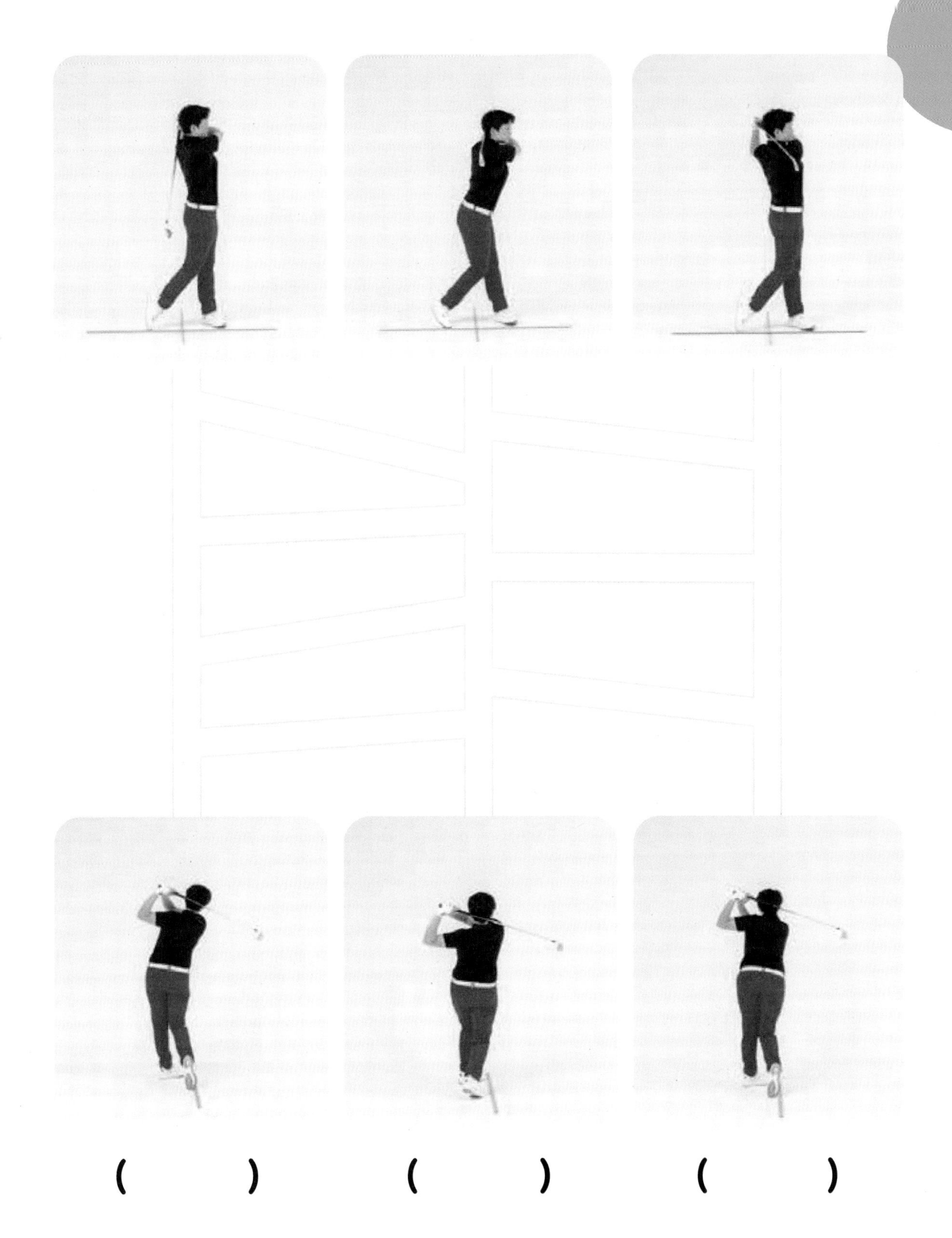

(　　　)　　(　　　)　　(　　　)

올바른 피니쉬 (Finish)끼리 짝 지어질 수 있도록
2개 이상의 선을 그어 사다리를 완성시켜 보세요.

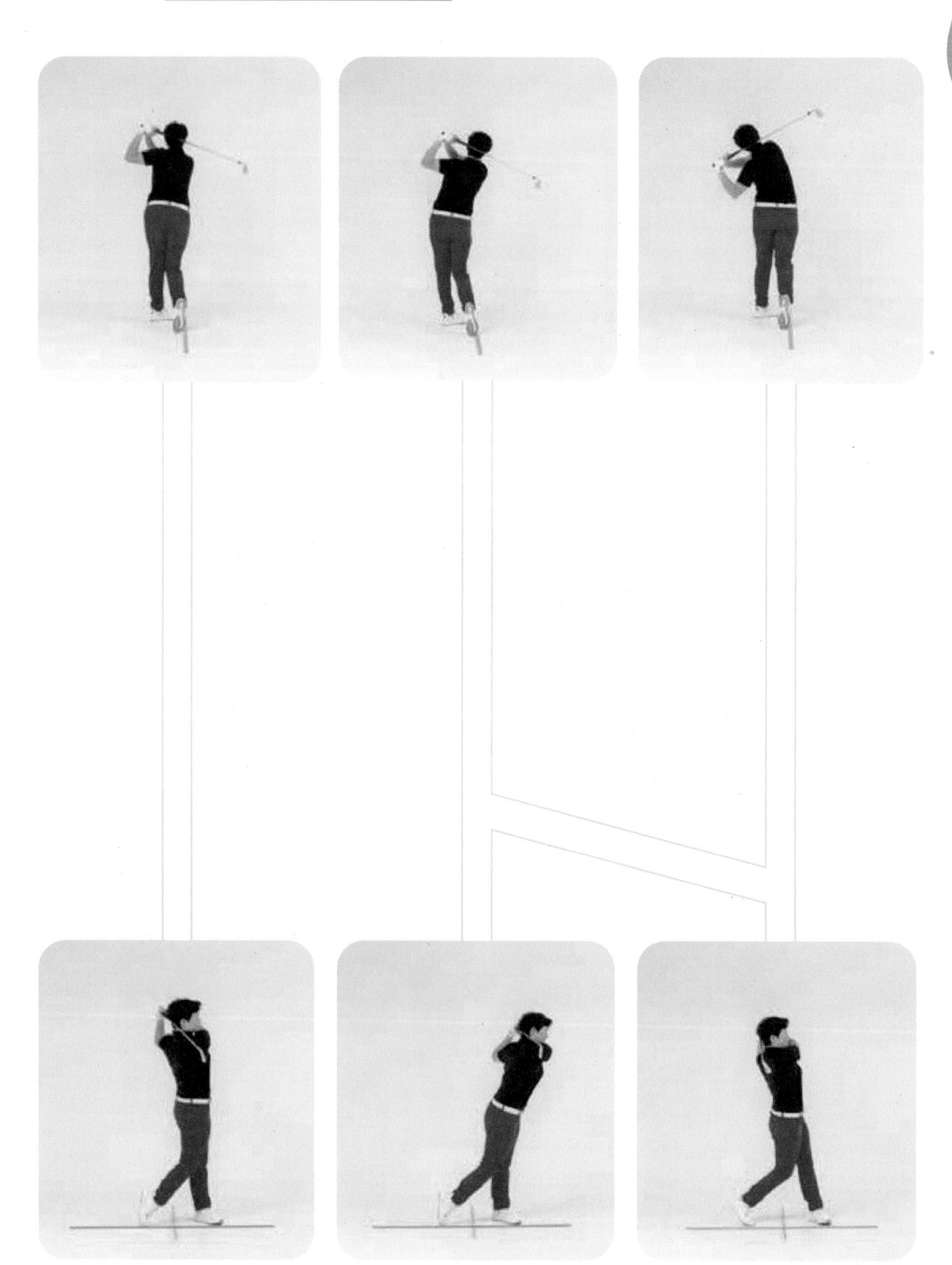

피니쉬 (Finsh)를 하였을 때 앞에서 본 올바른 머리의 위치를 찾아 선을 그어 따라가 보세요.

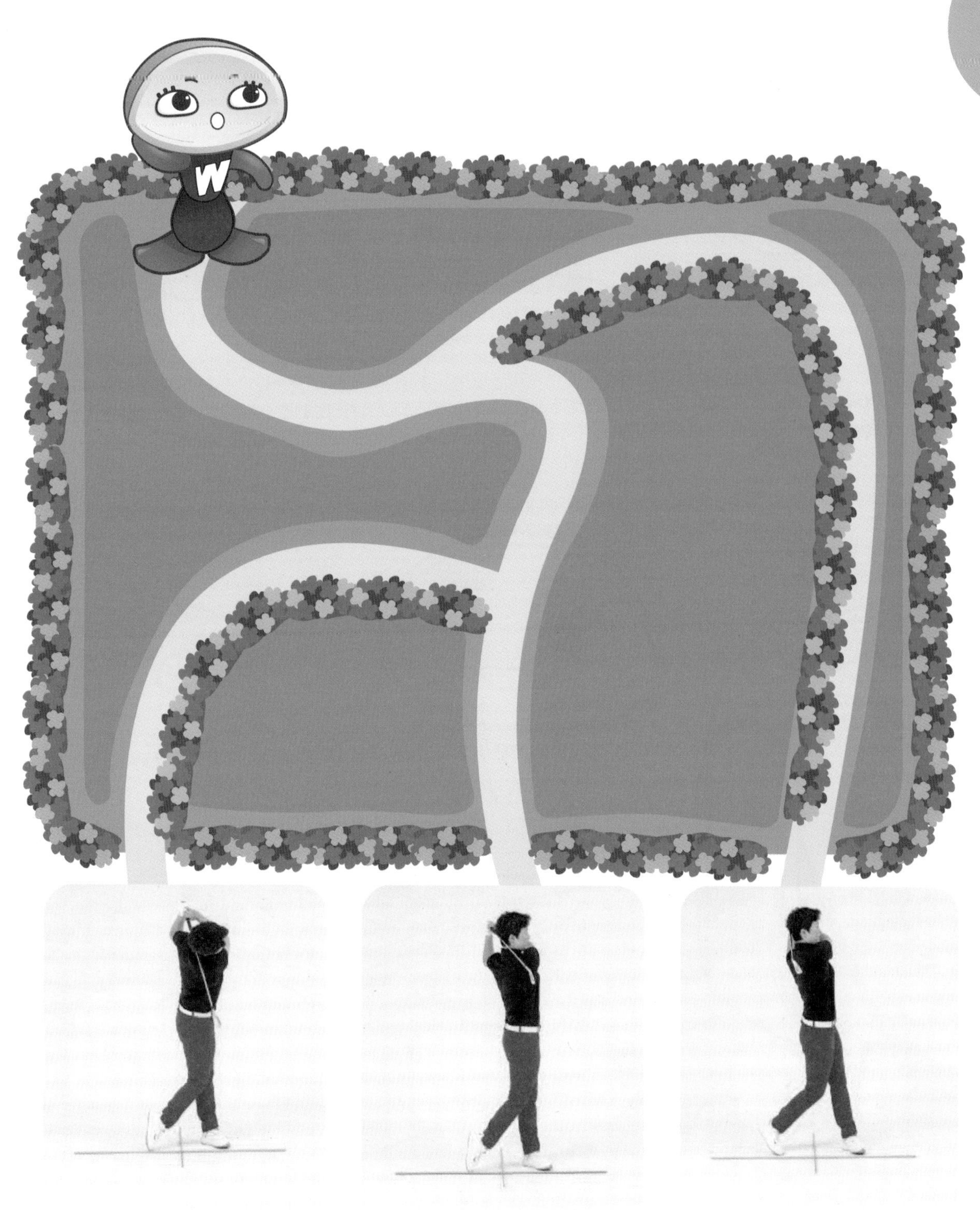

머리가 정면으로 쏠리며
많이 기울어져 있는 모습

어드레스 그대로 회전하여
자연스럽게 목표 방향을 보는 모습

머리가 몸의 뒤(오른발)쪽으로
기울어져 있는 모습

색칠공부

그림을 색칠해 보세요.

19

숨은 단어 찾기

<보기>에 있는 단어를 찾아서 길게 동그라미를 그려보세요.

<보기>

① 골프장 ② 골프장갑 ③ 골프화 ④ 아이언
⑤ 그립 ⑥ 헤드 ⑦ 샤프트 ⑧ 타석

시	골	프	장	재	골	다
디	프	피	아	스	프	이
코	장	아	코	키	화	타
골	갑	가	영	우	순	석
마	프	이	이	그	샤	슨
아	이	언	크	립	프	야
볼	마	헤	드	이	트	어

<보기>에 있는 단어를 찾아서 길게 동그라미를 그려보세요.

<보기>

① 오버래핑그립 ② 인터록킹그립 ③ 베이스볼그립
④ 오픈스탠스 ⑤ 클로즈스탠스 ⑥ 스퀘어스탠스

드	오	버	래	핑	그	립
클	픈	라	스	버	이	인
로	스	우	퀘	이	드	터
즈	탠	언	어	아	로	록
스	스	유	스	트	크	킹
탠	티	지	탠	오	스	그
스	베	이	스	볼	그	립

<보기>에 있는 단어를 찾아서 길게 동그라미를 그려보세요.

<보기>

① 알바트로스 ② 이글 ③ 버디 ④ 보기 ⑤ 더블보기

이	알	드	이	글	라	버
트	바	아	유	지	언	디
보	트	보	기	고	트	리
플	로	더	더	블	보	기
홀	스	기	백	히	고	미
기	드	랑	스	유	백	드
기	블	나	크	나	부	치

<보기>에 있는 단어를 찾아서 길게 동그라미를 그려보세요.

<보기>

① 트리플보기 ② 쿼드러플보기 ③ 더블파 ④ 홀인원

이	쿼	드	러	플	보	기
트	와	아	유	지	홀	디
리	트	보	가	고	인	리
플	지	더	더	불	원	기
보	스	기	블	히	고	미
기	기	랑	파	유	백	드
드	블	나	크	나	부	치

<보기>에 있는 단어를 찾아서 길게 동그라미를 그려보세요.

<보기>

① 드라이버 ② 퍼터 ③ 아이언 ④ 우드 ⑤ 유틸리티

드	라	이	버	더	퍼	터
스	터	이	야	버	티	더
라	아	이	언	퍼	우	팔
유	오	스	다	언	드	이
틸	도	스	스	디	지	우
리	크	주	테	운	회	스
티	트	크	로	백	스	왕

<보기>에 있는 단어를 찾아서 길게 동그라미를 그려보세요.

<보기>

① 스트로크 ② 백스윙 ③ 팔로우스루 ④ 오버 ⑤ 언더

드	가	이	버	더	유	터
스	터	이	오	버	티	더
라	아	유	언	퍼	우	팔
유	오	스	다	언	랑	로
가	도	트	스	더	지	우
라	크	로	테	운	회	스
티	트	크	백	스	윙	루

색칠공부

그림을 색칠해 보세요.

정답을 맞춰 보아요!

정답

<01. 골프란?>

P.13 (1) ①, (2) ④ **P.14** X|X / X|O **P.15** 왼손 **P.16** 그립의 정중앙 양손 흰색 장갑

P.17 정중앙 흰색 신발과 우측 상단에 발바닥이 노란색인 신발

P.18 아이언 **P.20** 첫 번째-헤드, 두 번째- 샤프트, 세 번째-그립

<02. 그립>

P.25  **P.26**  **P.27** X|O / O|X

P.28 O|O / X|O **P.29** X|O / X|X **P.30** 첫 번째X, 두 번째O, 세 번째X

P.31~P.34 본인이 잡는 그립의 방법에 체크

<03. 스탠스>

P.37 X|X / X|O **P.38** ③, 3번의 그림과 같이 **P.39** 1-O, 2-X

<04. 7번 아이언 어드레스>

P.42 ② **P.43** 1-X, 2-O, 3-X

P.44 상단 첫 번째-하단 두 번째(X), 상단 두 번째-하단 세 번째(X)
상단 세 번째-하단 첫 번째(O)

P.45 X|X / X|O **P.46** O|X / X|X **P.47** ③ **P.48**

P.49  **P.50**  **P.51** X,O,X **P.52**  **P.53**

P.54 첫 번째(O) 두 번째(X) 세 번째(O) 네 번째(O) 다섯 번째(O)

<05. 아이언 테이크 어웨이>

P.56 X,O,X **P.57** X,X,O **P.58** ㉢ **P.59** ㉠ **P.60** ②

P.61 X|X / X|O **P.62** O|X / X|X **P.63** 세번 째 사진으로 **P.64** 두 번째 사진으로

P.65 상단 첫 번째-하단 첫 번째(X), 상단 두 번째-하단 두 번째(X)
상단 세 번째-하단 세 번째(O),

<06. 스코어 계산방법(1)>

P.70 세 칸까지, -, 2, 이글

P.71 다섯 칸까지, +, 1, 보기

P.72 일곱 칸까지, +, 2, 더블보기

P.73 두 칸까지, -, 2, 이글

P.74 아홉 칸까지, +, 4, 쿼드러플보기

P.75 두 칸까지, -, 3, 알바트로스

P.76 네 칸까지, -, 1, 버디

P.77 세 칸까지, -, 1, 버디

P.78 다섯 칸까지, +, 0, 파

P.79 네 칸까지, +, 0, 파

P.80 여덟 칸까지, +, 3, 트리플보기

정답

<07. 아이언 하프스윙>

P.82 X,O P.83 O,X P.84 ㉢ P.85 ㉡ P.86 ① P.87 X|X / X|O

P.88 O|X / X|X P.89 세 번째 사진 P.90 첫 번째 사진 P.91 1-우는, 2-우는, 3-웃는

P.92 상단 첫 번째-하단 세 번째(X), 상단 두 번째-하단 두 번째(X)
상단 세 번째-하단 첫 번째(O),

P.93 상단 첫 번째 사진을 하단 두 번째 사진으로 연결

<08. 스코어 계산방법(2)>

P.96 네 칸까지, +, 1, 보기
P.97 여덟 칸까지, +, 4, 쿼드러플보기, 더블 파
P.98 두 칸까지, -, 1, 버디
P.99 다섯 칸까지, +, 2, 더블보기
P.100 여섯 칸까지, +, 2, 더블보기
P.101 여섯 칸까지, +, 3, 더블파
P.102 한 칸까지, -, 2, 이글
P.103 일곱 칸까지, +, 3, 트리플보기
P.104 세 칸까지, +, 0, 파

<09. 아이언 백스윙 탑>

P.106 O,X P.107 X,O P.108 X,X,O P.109 ㉣ P.110 ㉡ P.111 ③

P.112 X|O / X|X P.113 O|X / X|X P.114 두번째 사진 P.115 세 번째 사진 P.116 1-웃는, 2-우는, 3-우는

P.117 상단 두 번째 사진을 하단 두 번째 사진으로 연결 P.118 세 번째 사진

<10. 스코어 찾기>

P.122 0,+3 P.123 -3,+2 P.124 +4,+6 P.125 +8,+10

<11. 아이언 임팩트>

P.130 X,O P.131 O,X P.132 O,X,X P.133 ㉣ P.134 ㉢ P.135 ④

P.136 X|O / X|X P.137 O|X / X|X P.138 세 번째 사진 P.139 두 번째 사진

P.140 첫 번째-우는, 두 번째-우는, 세 번째-웃는

P.141 상단 첫 번째-하단 세 번째(X), 상단 두 번째-하단 두번째(X)
상단 세 번째-하단 첫 번째(O)

P.142 상단 첫 번째 사진을 하단 세 번째 사진으로 연결 P.143 세 번째 사진으로

<12. 스코어표를 보고 빈칸에 알맞은 말 넣기>

P.147 (상단부터 하단으로)투언더, 파, +1, 쓰리오버 P.148 -2, -1, +1, 투오버, 트리플보기

P.149 이글, -2, 0, 보기, +1, 더블보기, 투오버, +3

P.150 투언더, 0, +1, 더블보기, 투오버, 쿼드러플보기, +4

정답

P.151 -3, 이글, 투언더, 버디, -1, 보기, 원오버, 더블보기, +2, 투오버, 쓰리오버, +4

P.152 -3, 쓰리언더, 이글, -2, 0, 보기, +1, 원오버, 더블보기, 투오버, +3, 쓰리오버, 쿼드러플보기 +4

P.153 알바트로스, -3, 이글, 투언더, 버디, -1, 파, 이븐, 보기, +1, 원오버, 투오버, 트리플보기, +3

<13. 아이언 팔로우스루>

P.156 O, X **P.157** O, X **P.158** X, X, O **P.159** ㉢ **P.160** ㉣

P.161 ④ **P.162** X|X / O|X **P.163** X|O / X|X **P.164** 두번째 사진으로

P.165 첫번째 사진으로 **P.166** 1-웃는, 2-우는, 3-우는

P.167 상단 첫 번째-하단 세 번째(X), 상단 두 번째-하단 두 번째(X)
상단 세 번째-하단 첫 번째(O)

P.168 상단 세번째 사진을 하단 첫번째 사진으로 연결 **P.169** 첫번째 사진으로

<14. 골프클럽>

P.173 **P.174** **P.175** 드라이버 쪽으로

P.176 퍼터 쪽으로 **P.177** 유틸리티 쪽으로 **P.178** 아이언 쪽으로 **P.179** 우드 쪽으로

P.180 퍼터, 드라이버 **P.181** 우드, 아이언 **P.183** 1-③, 2-①, 3-②

<15. 골프클럽>

P.189 아이언, 그립 **P.190** 헤드, 샤프트 **P.191** 드라이버, 퍼터 **P.192** 유틸리티, 우드

<16. 스코어 알아보기>

P.195 (1)이븐, PAR4에서 네 번만에 홀에 넣었다, 0, PAR
(2)PAR5에서 네 번만에 홀에 넣었다, -1,원언더, BIRDIE

P.196 (1)-2, PAR5에서 세 번만에 홀에 넣었다, EAGLE, 투언더
PAR4에서 두 번만에 홀에 넣었다
(2)+1, BOGEY, 원오버

P.197 (1)+2, DOUBLE BOGEY, 투오버, PAR4에서 여섯 번만에 홀에 넣었다
(2)TRIPLE BOGEY, PAR5에서 여덟 번만에 홀에 넣었다, +3, 쓰리오버

정답

<17. 스코어카드 보는 방법>

P.201 1: 11번, 2: 2번, 3: 16번 홀, 4: 8번 홀

P.202 1: 4개, 2: 3개, 3: 1번 홀부터 9번 홀까지, 4: 10번 홀부터 18번 홀까지

P.203 1: 6개, 2: 6개, 3: 1(원) 언더, 4: 3(쓰리) 언더

P.204 1: 더블보기, 2: 4(포) 오버, 3: 1(원) 언더, 4: 3(쓰리) 오버

P.205 1: 11번 홀, 17번 홀, 2: 16번 홀, 3: 18번 홀 4: 6번 홀, 12번 홀

P.206 1: 4(포) 오버, 2: 4타, 3: 4타, 4: Out 코스-1(원) 오버, In코스-7(세븐) 오버

<18. 아이언 피니쉬>

P.208 O, X **P.209** X, O **P.210** X, O **P.211** ㉢ **P.212** ㉡ **P.213** ②

P.214 X X / X O **P.215** X X / O X **P.216** 세 번째 사진으로 **P.217** 첫 번째 사진으로

P.218 첫 번째- 우는, 두 번째- 웃는, 세 번째- 우는

P.219 상단 첫 번째-하단 세 번째(X), 상단 두 번째-하단 두 번째(X)
상단 세 번째-하단 첫 번째(O)

P.220 상단 두 번째 사진을 하단 첫 번째 사진으로 연결

P.221 두 번째 사진으로

<19. 숨은 단어 찾기>

P.225

드	오	버	래	핑	그	립
클	픈	라	스	버	이	인
로	스	우	퀘	이	드	터
스	탠	언	어	아	로	록
스	스	유	스	트	크	킹
탠	티	지	탠	오	스	그
스	베	이	스	볼	그	립

P.226

이	알	드	이	글	라	버
트	바	아	유	지	언	디
보	트	보	기	고	트	리
플	로	더	더	블	보	기
홀	스	기	백	히	고	미
기	드	랑	스	유	백	드
기	블	나	크	나	부	치

P.227

이	쿼	드	러	플	보	기
트	와	아	유	지	홀	디
리	트	보	가	고	인	리
플	지	더	더	불	원	기
보	스	기	블	히	고	미
기	기	랑	파	유	백	드
드	블	나	크	나	부	치

P.228

드	라	이	버	더	퍼	터
스	터	이	야	버	티	더
라	아	이	언	퍼	우	팔
유	오	스	다	언	드	이
틸	도	스	스	디	지	우
리	크	주	테	운	회	스
티	트	크	로	백	스	왕

P.229

드	가	이	버	더	유	터
스	터	이	오	버	티	더
라	아	유	언	퍼	우	팔
유	오	스	다	언	랑	로
가	도	트	스	더	지	우
라	크	로	테	운	회	스
티	트	크	백	스	윙	루

골프를 배워요! 1권

1판 1쇄 발행 2022년 3월 28일

지은이 ㈜ 리우

마케팅 박가영 총괄 신선미

펴낸곳 하움출판사 펴낸이 문현광

이메일 haum1000@naver.com 홈페이지 haum.kr
블로그 blog.naver.com/haum1007 인스타 @haum1007

ISBN 979-11-6440-951-8 (93690)

좋은 책을 만들겠습니다.
하움출판사는 독자 여러분의 의견에 항상 귀 기울이고 있습니다.
파본은 구입처에서 교환해 드립니다.